张胜楠·著

数字化组织变革

数智赋能·
战略转型·
模式创新·
管理重塑

化学工业出版社
·北京·

内容简介

本书依托杭州职业技术学院文库,立足于数字化的时代背景,深入剖析了企业组织变革的迫切需求与关键路径。在数字化浪潮席卷全球的时代,企业面临着前所未有的挑战与机遇,企业组织变革已成为企业可持续经营的必然选择。

全书从数智赋能、战略转型、模式创新和管理重塑四个维度出发,系统梳理了数字化组织变革的核心要素和实践方法。通过剖析平台型组织、自驱型组织等新型组织结构的优势,以及商业模式创新、人才培养和智能财务建设等方面的创新实践,为企业提供了全面的理论指导和实用方案。

阅读本书,读者将能够掌握数字化组织变革的精髓,了解如何运用数智技术为企业赋能,实现战略转型和模式创新。本书也能帮助企业重塑管理模式,培养数字化人才,建设智能财务体系,进而在激烈的市场竞争中立于不败之地。

图书在版编目(CIP)数据

数字化组织变革:数智赋能•战略转型•模式创新•管理重塑/张胜楠著. —北京:化学工业出版社,2024.5

ISBN 978-7-122-45602-1

Ⅰ.①数… Ⅱ.①张… Ⅲ.①企业组织-组织管理学-研究 Ⅳ.① F272.9

中国国家版本馆CIP数据核字(2024)第091199号

责任编辑:夏明慧　　　　　　　　　　版式设计:溢思视觉设计/程超
责任校对:李　爽　　　　　　　　　　封面设计:子鹏语衣

出版发行:化学工业出版社(北京市东城区青年湖南街13号　邮政编码100011)
印　　装:三河市双峰印刷装订有限公司
710mm×1000mm　1/16　印张15$\frac{1}{4}$　字数217千字
2024年8月北京第1版第1次印刷

购书咨询:010-64518888　　　　　　　售后服务:010-64518899
网　　址:http://www.cip.com.cn
凡购买本书,如有缺损质量问题,本社销售中心负责调换。

定　价:79.00元　　　　　　　　　　　　　　版权所有　违者必究

前言

2023年初，ChatGPT突然爆火。作为一款聊天机器人程序，其不仅能针对具体的情境回答问题，还能够像人类一样与用户互动交流，而且可以高质高效地完成部分文案撰写、语言翻译、脚本策划、代码生成等工作。伴随ChatGPT关注度的提升，人们也不禁担心其是否会取代自己的工作、有多少行业的从业者会因此面临失业的风险。

事实上，正如同ChatGPT掀起的巨浪一样，新技术的出现必然会带来社会的变革。如今，我们正迎来第四次工业革命，人工智能、大数据、物联网、云计算等技术不仅会驱动数字化浪潮进入新的阶段，更会促进众多产业的转型升级。以人工智能为例，近几年算法正在被不断迭代，算力的瓶颈也被逐渐克服，而数据作为人工智能的重要支撑，其价值也被越来越多企业所重视。在企业运营中，诸如人员升迁等决策均可以让数据提供辅助，数据俨然成为数字化时代驱动企业变革和产业升级的新引擎。

数字化技术的发展不仅给企业注入了新的生命力，也使得企业面临更大的竞争压力。因此，越来越多的企业在数字化大背景下，调整企业的战略定位，以数字化转型和升级来提高企业运营效率、增强企业的市场竞争力。可以说，变幻莫测的市场需求和日益严峻的竞争格局，使得数字化转型成为企业顺应时代发展的主动选择。

虽然数字化转型是企业的必然选择，但也并非易事，剖析许多企业的数字化转型实践可以发现，数字化转型的过程并非一帆风顺，甚至容易步入诸多误区。比如，企业可能忽视长期规划而只重视短期投入，由于未事先制定数字化转型路线图，企业在具体实施的过程中可能由于数字化项目的投入大、周期长、效果不确定等，组织内成员质疑其价值，各部门无法实现高效沟通和有效协同，最终导致数字化项目的价值难以充分发挥；企业可能聚焦于技术层面的升级而忽视精益管理理念的贯彻，数字化技术固然是一把利器，但如果企业不能贯彻精益求精的理念，就可能使技术浮于企业运营的表层，造成资源的严重浪费；企业可能忽视人才的成长而只重视项目的投入，人员是企业运营的根本，如果企业的员工未能深入参与数字化转型的过程，那么可能出现的情况是员工既无法满足数字化项目对于岗位的需求，也无法有效运用企业运营所需的数字化工具，更不能从内心真正认同企业的数字化转型，那么数字化转型便无法真正推动企业创新升级；企业可能更看重直接效益的提升而忽视组织理念的进阶，如果企业的数字化转型仅仅是利用数字化技术提升经济效益，而企业文化、管理理念、价值观等均未实现进阶，那么转型的效果也将大打折扣。

对以上转型误区进行深入分析，我们不难发现企业的数字化转型之所以未取得预期效果、无法为企业注入活力的根本原因在于——企业未从组织层面进行数字化变革。也就是说，即使引进了数字化技术、应用了数字化平台，但企业仍然延续传统的管理和发展逻辑，忽略了组织变革也是数字化转型极为重要的组成部分。

在企业中，组织是连接成员与战略之间的桥梁，而数字化技术的发展及其在企业中的应用必然会对组织产生巨大的影响。仍然以人工智能技术为例，基于对相关数据资源的分析，人工智能技术可以帮助企业更及时高效地给予员工反馈，让员工拥有更强的成就感和满足感，从而进一步提升组织绩效。数字化组织变革正是致力于激发所有成员的潜能，提升组织在数字化时代的环境适应力。在数字化时代，数字员工会大量出现，并成为企业数字转型的关键技术和重要组成部分，因此企业的人力资源管理理念和组织模式也需要发生转变；工作环境会发生变化，员工的工作环境将不仅局限于传统的工作场所，还会延伸至线上平台甚至虚拟世界；企业的决策模式会发生变化，基于已有经验和主观判断的决策模式将逐渐被人工智能决策代替，随着数据资源的价值愈来愈突出，数据将能够决定企业运作流程，使得企业成员体现出动态化的特点。总的来说，在数字化时代，企业的组织形态将会呈现出明显的网络化、虚拟化、扁平化、去边界化特征。

本书依托杭州职业技术学院"高职院校开展'有组织科研'的模式与路径研究"课题项目，立足于现代企业管理理论与实践，详细探究数字化时代的组织变革与管理转型，分别从数字化时代的组织变革概述、组织结构的变革与创新、管理模式的创新与重塑、组织变革下的商业模式创新、组织变革下的人才培养、组织变革下的智能财务建设六大维度，全面阐述了数字化组织变革的框架思路与路径方法，深度剖析人工智能、大数据、云计算等新兴技术在企业数字化转型过程中的应用场景与落地路径，为国内企业的数字化转型提供了行之有效的借鉴与指导。

由于作者水平有限，书中难免有不足之处，敬请广大读者批评指正。

著者

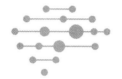

目录

第1章 数字化时代的组织变革概述　　001

1.1 数字化时代组织变革的概念、内涵与趋势 / 002
- 1.1.1 组织结构的演变与进化 / 002
- 1.1.2 数字化组织的概念与内涵 / 006
- 1.1.3 数字化组织变革的3个阶段 / 008
- 1.1.4 数字化组织变革的发展趋势 / 011

1.2 数智赋能：企业数字化转型落地路径 / 014
- 1.2.1 企业数字化转型的特征与目标 / 014
- 1.2.2 战略规划：支撑数字化转型落地 / 018
- 1.2.3 六化模型：数字化转型实施路径 / 022
- 1.2.4 组织融合：技术、业务与管理 / 027
- 1.2.5 评估方法：企业数字化成熟度模型 / 030

1.3 企业治理：IT战略规划设计与开发 / 036
- 1.3.1 IT规划的概念与演变历程 / 036
- 1.3.2 企业IT规划的核心目标 / 038
- 1.3.3 企业IT规划的3个层面 / 041
- 1.3.4 企业IT规划的6个步骤 / 044
- 1.3.5 企业IT规划的5大要点 / 047

第2章 组织结构的变革与创新　　051

2.1 平台型组织：开放共享与价值共创 / 052
- 2.1.1 平台型组织的3个层次 / 052
- 2.1.2 平台型组织的2种类型 / 055
- 2.1.3 平台型组织的基本结构 / 058

   2.1.4 平台型组织的落地路径 / 063

 2.2 自驱型组织：VUCA 时代的敏捷团队 / 066

   2.2.1 去中心化时代的自组织 / 066
   2.2.2 自组织模式的 5 个特征 / 068
   2.2.3 自组织管理的 4 大核心 / 070
   2.2.4 自组织驱动的战略变革 / 073

 2.3 无边界组织：重构组织治理新模式 / 075

   2.3.1 传统组织 vs 无边界组织 / 075
   2.3.2 无边界组织的主要特征 / 077
   2.3.3 无边界管理的动因与条件 / 080
   2.3.4 通用电气：无边界组织的实践启示 / 083

 2.4 管理法则：如何打造无边界组织 / 086

   2.4.1 法则 1：构建扁平化组织结构 / 086
   2.4.2 法则 2：突破组织边界的壁垒 / 088
   2.4.3 法则 3：集群化与虚拟化经营 / 090
   2.4.4 法则 4：创建学习型组织模式 / 093

第 3 章 管理模式的创新与重塑 095

 3.1 战略创新：打造企业动态核心能力 / 096

   3.1.1 基于价值创造的战略创新 / 096
   3.1.2 组织战略创新能力的特征 / 098
   3.1.3 企业战略创新能力的差异 / 101
   3.1.4 企业制定创新战略的路径与方法 / 103

 3.2 颠覆性创新：拓展企业的竞争维度 / 106

   3.2.1 竞争战略：重新定义需求 / 106
   3.2.2 商业模式：重塑商业生态系统 / 108
   3.2.3 共生体物种：全新价值创造逻辑 / 112
   3.2.4 创新图谱：颠覆传统市场竞争格局 / 115

 3.3 微创新法则：打造极致的用户体验 / 117

   3.3.1 基于用户体验的微创新 / 117
   3.3.2 企业微创新的 4 种类型 / 120
   3.3.3 产品微创新的策略与方法 / 122

第 4 章　组织变革下的商业模式创新　　125

4.1　模式创新：数字化重塑企业竞争力　/126
　　4.1.1　数字经济时代的商业逻辑　/126
　　4.1.2　数字化商业模式的概念内涵　/128
　　4.1.3　数字化商业模式的主要特征　/129
　　4.1.4　数字化商业模式的基本要素　/132

4.2　落地路径：数字化商业模式的设计　/135
　　4.2.1　先行因素　/135
　　4.2.2　价值主张　/137
　　4.2.3　价值创造　/140
　　4.2.4　价值获取　/144
　　4.2.5　动态能力　/146

4.3　数字化经营：驱动业务模式数字化　/148
　　4.3.1　数字赋能：经营模式创新变革　/148
　　4.3.2　全域经营：优化供需匹配效率　/150
　　4.3.3　业务创新：数字化业务新模式　/152
　　4.3.4　数据赋能：打造企业数据能力　/155

第 5 章　组织变革下的人才培养　　159

5.1　数字化人才：赋能企业数字化转型　/160
　　5.1.1　数字化人才的概念与内涵　/160
　　5.1.2　企业需要怎样的数字化人才　/161
　　5.1.3　数字化人才培养面临的挑战　/164
　　5.1.4　数字化人才培养的实践路径　/166
　　5.1.5　数字化人才建设的典型案例　/169

5.2　工作重塑：员工职业生涯发展管理　/173
　　5.2.1　技术革命：新职业 vs 旧职业　/173
　　5.2.2　实现组织与个体的"价值共生"　/175
　　5.2.3　职业生涯重塑的模式构建　/177
　　5.2.4　数字化赋能员工职业生涯管理　/182

5.3　数字化 HR：重构传统人力资源管理　/185

5.3.1　数字化HR的金字塔模型　/185
5.3.2　HR数字化转型的实践之路　/188
5.3.3　人力资源管理系统建设　/192
5.3.4　人力资源共享服务中心建设　/196

第6章　组织变革下的智能财务建设　201

6.1　智能财务：数字经济赋能财务变革　/202
　　6.1.1　智能财务的特征与内涵　/202
　　6.1.2　智能财务建设的总体规划　/205
　　6.1.3　智能财务建设的7大原则　/208
　　6.1.4　智能财务的未来发展趋势　/211

6.2　智能会计：企业会计信息系统建设　/214
　　6.2.1　数智蝶变：会计1.0到会计3.0模式　/214
　　6.2.2　关键内容一：财务共享平台构建　/216
　　6.2.3　关键内容二：管理会计系统建设　/219
　　6.2.4　关键内容三：智能会计系统建设　/221

6.3　智能税务：税务管理系统建设实践　/222
　　6.3.1　智能税务管理系统的价值分析　/222
　　6.3.2　智能税务管理系统的框架设计　/224
　　6.3.3　智能税务管理系统的数据架构　/225
　　6.3.4　智能税务管理系统的功能结构　/226
　　6.3.5　智能税务管理系统的效益与经验　/230

参考文献　233

第 1 章

数字化时代的组织变革概述

1.1 数字化时代组织变革的概念、内涵与趋势

1.1.1 组织结构的演变与进化

根据国内外企业的发展历程，企业的组织形态都是在发展的过程中不断"进化"的，也就是说，企业目前的组织形态与其成立之初相比一般会有很大的变化，有的甚至可以用"翻天覆地"来形容。这主要是因为，在发展过程中，企业势必会根据市场生态的变化来进行组织形态的调整，进而构建更利于企业发展的组织结构。

企业的组织结构模式基本可以分为以下四个发展阶段，如图1-1所示。

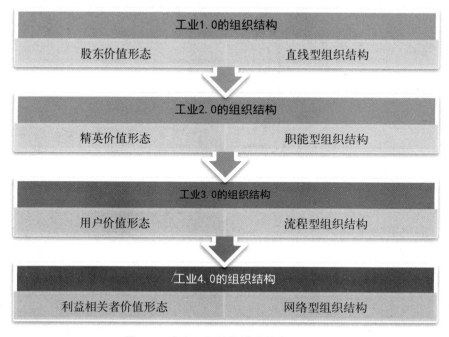

图1-1　企业组织结构模式的发展阶段

（1）工业1.0的组织结构

工业1.0时期，股东价值形态是企业的最佳组织形态，彼时的股权结构是一个高度集中的模式，主要原则是维护与展现股东价值。股东对资源的占用及其价值的发挥对企业发展具有决定性作用。

在这种组织形态下，组织结构一般采用直线型，组织能力为股东的个人能力，管理者是企业成功的关键要素，此类创造企业价值的方式较为简单，企业规模也容易受限。

（2）工业2.0的组织结构

工业2.0时期，精英价值形态是企业的最佳组织形态。"精英"主要指企业中的专业权威与管理权威，通常情况下是经理人，数量并不多，却对企业的发展具有至关重要的作用。与上一个时期相比，该时期企业的主要原则是维护与展现精英价值，内部的股权较为集中。

在这种组织形态下，企业一般采用职能型组织结构，精英为企业成功的关键要素，组织能力为精英的专业与领导能力。这一阶段，企业会把一些相关的知识与技能进行整合，构建专门的智能单元，这样企业中的精英便可以在各职能单元中充分发挥自身的专业能力与领导能力，推进企业快速发展。

职能型组织结构的优势在于，其能够推动实现职能单元内的规模经济，即合并在一起的员工可以进行资源共享，进而提高企业生产率。该结构的弊端在于，其不能够很好地应对外部环境的变化，因为其中涉及跨部门沟通与协调，易造成决策缓慢，以致管理者很难对外界环境变化快速做出反应。职能型组织结构如图1-2所示。

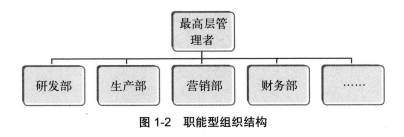

图1-2 职能型组织结构

在这一阶段中，企业业务愈加复杂，组织也开始趋于复杂，于是组织结构开始进一步演变，由职能型变为事业部型。事业部型组织结构可以依照单项产品、单项服务、大型项目或规划、产品群组、利润中心等进行构建。该结构内各单位规模较小，可以较快地应对环境变化，有助于提高组织结构的灵活性，也有助于组织变革。不过，从根本上来讲，该结构仍属于职能型结构中的一种。

对于外界环境的各种变化，事业部型结构不仅可以做到很好地适应，还可以清晰展现各产品的经营状况。事业部型结构比较适合经营多种产品或服务而且有充足人力资源可以分配给该职能单位的组织。该结构可以实现将决策权放在各事业部，同时要确保各事业部的规模足够小，从而对市场变化做出更为迅速的反应。但事业部型结构不能够实现规模经济，这意味着一些设施不能够共享，人员不能复用，各产品线的生产经营彼此独立，跨产品线的产品难以协调。事业部型组织结构如图1-3所示。

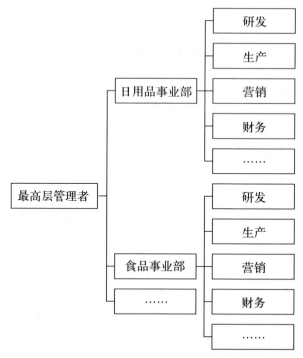

图1-3　事业部型组织结构

（3）工业3.0的组织结构

工业3.0时代到来以后，用户价值形态开始成为企业的最佳组织形态，此时企业股权结构不再集中，而是相对分散，拥有股权优势的股东消失，企业的主要原则是维护与展现内部与外部的用户价值。企业创造价值的主力军是各类创新型团队，团队的核心是知识型人才，且这类人才的数量较多。

在此背景下，组织一般采用流程型组织结构，也就是将团队合并在一起，形成能够满足用户需要的业务流程。团队开始成为企业成功的关键要素，团队创新力为组织能力。此时，部门消失，组织形态开始变得开放，横向管理模式取代了纵向管理模式。在这种组织结构中，业务流程中的各员工更易与他人交流、沟通，有助于活动的协调与推进。

（4）工业4.0的组织结构

工业4.0时代到来之后，利益相关者价值形态成为企业的最佳组织形态，企业的股权结构高度分散，企业的主要原则变为维护与展现利益相关者的价值。企业的主要价值依靠内部的每个个体来创造，此时人的劳动开始转向资本化，而资本的历史使命趋于完结。

在此背景下，组织一般会采用网络型组织结构。组织人格是企业的关键成功要素，组织人格力为组织能力。此处的组织人格主要指每个个体所具有的、较为近似的人格特征，可以使每个个体充分发挥自身创造力。在这种结构中，不再需要内部团队，个体能够独立创造价值，且个体间可以按照用户的需求来灵活组合，快速形成符合用户需求的价值链条，保证组织内部消耗达到最低，运行效率达到最优。

大雁南飞时的"人"字形与"一"字形是我们很熟悉的景象，事实上，鸟群在迁徙中的飞行规则只有三条：一是防止与附近其他成员发生碰撞；二是飞行方向要与附近成员的基本飞行方向相同；三是千万不要落单。只需遵循以上规则，整个团队就可以避免因聚集而造成结构僵化，也可以防止成员间过于分散而难以集合。

企业的组织设计可以参考处于混沌边缘的鸟群飞行模式,传统的组织设计不仅复杂,且层级化现象严重,但若是缺少组织设计又难以发挥整体力量。在这种情况下,网络型组织结构是与企业未来发展最为契合的形式,如图1-4所示。

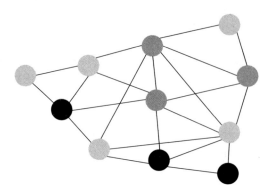

图 1-4　网络型组织结构

1.1.2 ／ 数字化组织的概念与内涵

按照目前的发展形势来看,企业的数字化转型依赖其自身数字化人才的培养与升级。不过我们还不能简单将企业的数字化转型等同于数字化人才的培养,因为其中还牵涉企业数字化组织的构建。因此,为更好地顺应数字化时代的潮流,企业应当从组织结构、流程、文化等多方面着手进行全面转变。

(1) 什么是数字化组织

企业是随着商品经济的发展而发展的,生产力发展水平不同,生产组织形式亦不同。自手工业开始,企业的发展历经工业企业、资本主义企业、信息时代企业,规模越来越大,全球化、数字化程度越来越高,同时企业的形式也在不断变化、管理方式也在不断创新。为适应数字化时代的新要求与新挑战，企业开始在各部门与业务流程中融入数字技术与数字化能力，并建立了一种融合数字技术、数字思维与数字内容的新型组织，该组织便是数字化组织，数字化组织可以提升企业的效率、创新力与竞争力。

数字化转型强调共享性、开放性、合作性以及实验性，更加注重个体的自主性和创造性，力求推动实现个体与组织间的配合与互补。数字化组织能够实现业务的全面数字化与智能化，让企业可以更加灵活、迅速地应对市场变化与用户需求，能够最大限度地提高效率、优化资源、增强竞争力，有助于数据驱动决策以及不断地创新与变革。

（2）数字化组织的内涵特征

随着云计算、大数据、物联网、区块链以及人工智能等技术的迅速发展，数字技术已经成为推动经济与社会发展的核心驱动力。这一转变不仅体现在经济结构、产业结构与社会发展的宏观层面上，还体现在企业管理模式、业务模式以及组织流程等微观层面。从企业层面来看，数字化组织主要具有以下特征，如图1-5所示。

图1-5　数字化组织的主要特征

① 数字驱动

数字驱动是数字化组织的首要特征。在数字技术的驱动下，组织在整个生产和管理的过程中可以拥有系统、完善的数字化采集、分析、应用和迭代优化体系，借助数字化工具可以充分利用相关数据，及时为企业的业务流程、运营事故等提供有力支持。同时，数字驱动可以推动企业优化人才结构，及时配备懂技术、懂业务的人才队伍。

② 高效协同

高效协同是数字化组织的第二个特征。高效协同可以确保从企业领导到底层员工都拥有共同的愿景与价值观，可以密切关注内外部环境的变化，并根据变化对团队目标进行适时调整，以达到动态平衡。高效协同可以促进组织成员共享经验、信息等，彼此保持开放、透明的合作关系。此外，企业的内部协同可以通过组织的柔性化与扁平化来实现，以破除部门壁垒。

③ 学习创新

学习创新是数字化组织的第三个特征。当企业内部形成完善的知识传承机制时，创新可以为组织不断赋能。企业及其高层通常都能够认识到知识管理对于企业的重要性，也会在组织内部建立相关的知识分享机制，做到制度上有保障、管理中能落实。企业应当鼓励各团队、各员工积极试错、不断创新，主动掌握与工作相关的多种能力。

④ 敏捷协作

敏捷协作是数字化组织的第四个特征。团队的快速响应对于企业来说十分关键，组织可以在内部政策、业务流程以及企业文化等方面来激励团队做到及时、迅速和准确地响应，同时为应对市场变化、满足用户需求，员工也需要积极争取内外部资源的支持。团队成员间应该分工明确且灵活，每位成员应当能够得到明确的授权，并可以自主进行把控，以便按照目标不断优化行动方案。此外，因工作要求不同，团队成员可进行灵活调整，相互补位，并努力成长为一专多能的复合型人才。

1.1.3 / 数字化组织变革的3个阶段

"平衡是有序之源"，不过一个企业若总是处于平衡态，就可能丧失汲取新信息的机制与空间。唯有打破平衡状态，才可能汲取到更多信息，进而达到更高级的有序状态。基于此，企业应当适时改变自身稳定封闭的状态，敢于创新、勇于创新。

数字化时代下，变革组织与更替人才能够消除冗余的能量、积聚新的势能，因此，企业在应对数字化时代的挑战和机遇时，应当将培育数据思维与数据基因作为根本出发点，以此来吸引数字化人才、打造数字化组织，应对不断变化的市场与用户。而数字化驱动的组织变革大致需要经历三个阶段，如图1-6所示。

图1-6 数字化驱动的组织变革需要经历的三个阶段

（1）解构：超越固有的组织基因

组织基因主要指企业在长久的经营活动中逐步形成的组织结构、核心资产、业务流程与企业文化等。工业化时代，这些组织的基因或烙印在一定程度上决定了一个企业的核心竞争优势。不过一旦外界环境发生转变，组织基因则很难随之发生变革。例如，互联网时代呼唤组织的扁平化与高效协同，但以往企业多采用层级式的组织管理模式，注重分工与集权，这非常不利于组织应对外界变化，没办法让听得见炮声的人来呼唤炮火。

在时代的更迭中，企业的"熵增"❶逐渐加剧。传统的用户、渠道与模式等核心竞争力的地位开始下降，这迫使企业不得不进行改革。在这种进退两难的情况下，企业要想开展变革，可以采取业务试错与小步快跑的方式，如

---

❶ "熵增"或称熵增原理，是热力学中的一个基本概念，描述了孤立系统在自然过程中的演化方向。熵，作为衡量系统无序程度的一个物理量，其增加意味着系统总混乱度的增大。

选取一两个业务单元来进行试点，进行新的商业模式的运作；也可以通过打造新品牌来验证新型业务是否可行。在验证过程中，如果发现新的商业模式经得住考验，就可以将传统业务与其融合，或直接进行业务创新。

（2）聚构：数据连接未来

数字时代的到来使数据变成一种生产要素，以往的资源成为数字时代的基础条件，甚至重资产也不再如以前那般关键。所以，企业要想在数字时代立足，就一定要掌握新要素，即数据资源与数字技术。

信息化时代是一个以用户为中心的时代，企业一定要认识到，仅凭自己的资源很难全面满足用户的各类需求。为应对用户多样化、个性化、便捷化与体验化等方面的需求，企业需要汇集生态联营、公私域合营等所有外部可用资源，以此来构建自身的私域业态，为企业的发展注入活力，减少企业的"熵增"。

以上谈到的对资源的整合不仅仅是同行业之间，通常情况下，跨界资源的整合也有助于企业的赋能与发展。按照竞合理论来讲，企业间往往在距离消费者较远的价值链环节上进行合作，在距离消费者近的价值链环节相互竞争。所以，跨界合作最有可能发生于消费群体趋同的企业之间，其中的核心是消费者数据，这项数据对企业进行连接与赋能十分关键，能够置换权益或进行变现。

（3）重构：开启数字商业新模式

企业的数字化改革不能仅停留于表面层次，还需进行内外融合，打造新的核心竞争力。在内部与外部要素融合的过程中，要重构以消费者为中心的人、货、场，通过数据与场景需求来进行组织设置等，打造直达消费者的商业模式。

随着数字化时代的到来，企业用户需要花费更多精力打造行业生态。场景力是企业未来一定要拥有的一项核心能力，其主要包括价值主张、消费者心智体验以及场景需求等。企业要培养自身"共赢""发展"的生态价值观，以期在新的生态价值链中博得一方天地。与此同时，在新的价值生态链下，未来分工将愈加专业与细化，这就要求企业必须迅速应对市场变化、快速激活相关要素与资源。

1.1.4 / 数字化组织变革的发展趋势

在数字化时代，科学技术飞速发展，组织和管理方式也随之不断升级。从发展方向上来看，组织变革主要呈现出以下发展趋势。

（1）趋势1：信息化程度全面提高

数字化时代的信息化程度较高，组织可以利用信息技术展开内外部交流，以便提高沟通的便捷性和高效性。以销售为例，数字化时代的企业可以充分发挥互联网的作用，通过网络平台为消费者提供产品信息和服务，实现在线销售。

不仅如此，企业还可以利用各类数字化工具进行内部协作和知识共享，帮助员工实现高效工作，进而在工作中创造更大的价值。

在数字化时代，组织和管理模式呈现出了高度信息化的特点，这既有助于组织提高对市场变化的适应能力，也能够为组织及时满足客户需求提供支持，帮助组织提高市场竞争力。

（2）趋势2：数据驱动的决策

数据是数字化时代不可或缺的资源。对企业来说，可以利用数字化技术来获取和分析各项数据信息，以便把握市场变化情况，了解客户需求，并据此有针对性地对供应链和生产流程等进行升级优化。与此同时，企业也可以在数据的支持下进行决策，提高决策的科学性和合理性，进而达到提升管理决策有效性的目的。

数据分析有助于企业提高市场趋势预测和客户需求预测的精准性，企业可以根据预测结果对自身的战略和决策进行优化调整，让决策更符合自身当前的实际情况，从而达到提高组织效率和增强市场竞争力的效果。

在数字化时代，组织和管理者可以将数据分析技术应用到决策、流程优化、降本增效等过程当中，将数据作为一项重要资源，并充分利用各项相关数据来提高管理的客观性、科学性和精准度，从而确保管理的高效性和准确性。

（3）趋势3：组织结构灵活性

与传统的组织结构相比，数字化时代的组织结构具有更高的灵活性，平面化程度也更高。在明确业务需求、客户需求和市场变化的情况下，组织和管理者可以对组织结构进行灵活调整，确保组织结构符合当前的市场环境和业务需求。

进入数字化时代后，互联网和数字技术的应用日渐广泛，组织和管理者可以借助互联网和数字技术构建虚拟团队，并通过远程协作和在线会议让不同地域的员工随时随地通过网络进行沟通协作，进而达到提高工作效率和绩效水平的效果。

（4）趋势4：员工自主性和创新性

数字化时代的员工大多具有较强的自主性和创新性。具体来说，数字技术的快速发展和广泛应用为信息获取提供了方便，员工可以通过各个数字化网络平台获取自身所需的各项知识和信息，并利用这些知识信息来提升自身的创新能力，不仅如此，数字化时代还出现了"平台经济""共享经济"等多种创新型的组织形式，这些组织形式的应用也有助于员工充分发挥自身的自主性和创新性。

员工管理是组织管理中的重要内容，在数字化时代，组织和管理者可以充分发挥数字技术和社交媒体的作用，通过网络平台与员工进行沟通和协作，提高员工在决策和实施环节的参与度，从而增强员工的归属感和忠诚感，达到进一步提升整个组织的凝聚力和竞争力的目的。

与传统的组织和管理方式相比，数字化时代的新型组织和管理方式大多更加重视员工的自主性和创新性，能够在一定程度上提升员工的工作积极性，充分发挥员工的创造力，有效提高组织的灵活性，增强组织的创新能力。

（5）趋势5：数字化技术的应用

数字化技术的应用在组织和管理方面发挥着十分重要的作用。具体来说，数字化技术的应用既能够为企业的人力资源管理和客户关系管理提供支持，也有助于企业进一步优化供应链和内部管理流程，进而帮助企业提高生产效率、产品质量以及产品和服务的个性化程度。

对组织来说，可以借助各类数字化技术应用来优化组织和管理方式，提升自身的市场适应能力和需求满足能力，从而达到增强自身市场竞争力的目的，并实现创新发展。

（6）趋势6：强调以客户为导向

客户导向是数字化时代组织管理中的一项重要内容。在数字化时代，组织和管理者可以通过数据分析等方式来掌握客户需求和客户偏好等信息，并根据这些信息来优化调整自身的营销策略和服务方案，从而为客户提供更加优质的服务和良好的消费体验，达到提高客户的满意度和忠诚度的目的。对组织来说，以客户为导向的管理有助于其进一步扩大市场占有率，并获得更多利润。

总而言之，数字化时代的组织和管理呈现出了信息化、数据驱动、组织结构灵活、跨地域协作、员工参与度高和以客户为导向的发展趋势，且员工的自主性和创新性也得到了提高。

在数字化时代,为了取得市场竞争的胜利,组织和管理者应抓住技术进步带来的机遇,顺应数字化时代的发展趋势,灵活应对各项难题,并对自身的管理模式和方法进行优化升级,提升组织的创新能力和市场竞争力。

1.2 数智赋能:企业数字化转型落地路径

1.2.1 企业数字化转型的特征与目标

数字化技术的飞速发展,为企业注入了全新的生命力。因此,数字化转型升级成为目前企业工作的重点。但许多企业在推进数字化转型工作的过程中却容易出现缺乏数字化战略、技术投入不足、组织架构不适应等问题,因此企业的管理者需要重点关注数字化转型的落地路径。

企业在推进数字化转型工作之前,首先应明确数字化转型的相关概念和数字化转型的特征与目标等。比如,关于什么是数字化企业,目前已有定义的侧重点有所不同:

- 数字化企业是指能够综合应用大数据、数字营销等多种技术手段来优化业务流程、运营模式和组织架构,并在此基础上扩大自身的战略选择范围的企业。一般来说,数字化企业可以创新运营模式,利用新的方式来创造价值、获取利润,同时也可以重塑员工和用户的价值理念,并提升自身的运营效率、创新能力和市场竞争力。
- 数字化企业是指遵循以人为本的原则并不断创新数字化业务模式的企业。这是因为,仅凭新技术并不能支撑企业实现数字化转型,还需要从企业文化、发展战略和运营方式等方面帮助企业建立竞争优势。

- 数字化企业是指利用数字化技术并围绕用户展开业务转型工作的企业。

具体来说，数字化企业的关键特征主要体现在以下几个方面，如图1-7所示。

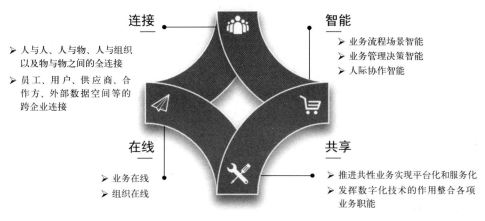

图 1-7 数字化企业的关键特征

（1）连接

数字化企业具有内部和外部之间以及各个基础层面之间互相连接的特点。具体来说，在数字化企业中，连接既可以指人与人、人与物、人与组织以及物与物之间的全连接，也可以指员工、用户、供应商、合作方、外部数据空间等的跨企业连接。

全连接网络是支撑企业完成流程协同、上下游协作以及与物理环境和设备的信息交互等工作的重要网络，企业需要充分确保自身全连接网络的安全性、可靠性、高效性和集成性。近年来，互联网、移动互联网、物联网和云计算等技术快速发展，并逐渐被应用到各个领域中，企业也在这些技术的作用下不断扩大连接规模，建立起连接人、机器、设备和物体的数字网络，实现了泛在互联。在各个节点互相连接的数字网络当中，数字化企业可以实现数字化应用的在线化，为线上工作提供方便。

（2）在线

在线是数字化企业在实现业务流程化、流程数字化和泛在互联的基础上的一项关键特征，主要涉及业务在线和组织在线两项内容。

① 业务在线

业务在线指的是将服务于用户的所有业务转移到线上。具体来说，企业可以借助流程数字化的方式来实现业务流程化和流程在线化，大幅提高流程的在线化和自动化程度，推动业务流与数据流实现互相协同，并充分发挥数字化技术的作用，实现线上与线下互相连接，进而打造出业务在线化的商业模式。

② 组织在线

组织在线指的是一种基于数字化技术的企业在线协同平台，企业可以通过该平台实现全天候在线服务，同时达到展现企业文化、支持员工交互、促进团队协作、为组织赋能、学习和挖掘新知识，以及为员工提供所需服务的目的。

伦敦商学院组织行为学副教授琳达•格拉顿（Lynda Gratton）曾对来自79个国家和地区的1246位高管进行调研，并得出员工体验也是企业中的一项重要人力资源管理内容的结论。而组织在线能够为员工提供多样化的服务，进而优化员工体验，因此企业在数字化转型的过程中也应充分认识到组织在线的重要性，并积极构建企业在线协同平台，加快实现组织在线的速度。

（3）共享

企业在数字化转型过程中应将"共享"融入自身的管理理念中，加快向平台型组织转型的步伐。具体来说，企业应实现以下两项关键共享服务。

a.企业应推进共性业务实现平台化和服务化，并将数据作为一项重要资产，通过服务化的平台在整个产业链中集成和共享各项具有共性特点的业务和数据，同时提高业务的可视化程度，进一步提高企业经营的高效性、敏捷化和数字化程度。

b.企业应充分发挥数字化技术的作用整合各项业务职能，并推动共性业务实现平台化和服务化，以服务包的形式将这些共性业务共享到各个业务单元中，从而提高业务单元的创新性，让各个业务单元能够创造更高的价值，同时减少在重复性工作中花费的时间，进而达到提高全局应变能力和企业协同效率的目的。

（4）智能

对企业来说，智能是指基于大数据和人工智能等先进技术在运营方面实现全方位智能化，同时，智能也是企业数字化转型的高阶目标，需要企业在实现连接、共享和在线的基础上再进一步发展。

具体来说，在企业中，智能主要涉及业务流程场景智能、业务管理决策智能和人际协作智能三项内容。

① 业务流程场景智能

企业应将人工智能等多种先进技术融入业务场景当中，推动业务流程实现自动化、智能化，以便进一步提高流程效率，减少成本支出，充分确保作业的安全性，并优化用户服务。不仅如此，企业还可以对业务流和以实时数据分析为基础的流程决策进行融合，并在此基础上实现对运营流程服务的优化升级，从而进一步降低安全风险和所需成本，同时达到助力流程实现更高级别自动化的效果。

② 业务管理决策智能

企业构建包含大数据和人工智能模型的智能分析平台，并通过该平台对各项数据进行分析，深入挖掘数据中潜藏的商业价值，同时也可以以智能化的方式有针对性地向用户推送业务经营和战略分析信息，进而实现决策前置，达到提高决策效率的目的，即便环境存在不确定性，也能够通过战略前瞻部署来获取一定的竞争优势，为自身的发展提供助力。

③ 人际协作智能

企业构建一站式智能协同办公平台，让每个员工都可以通过该平台学习、工作和交流，提高人与人、人与组织、人与知识以及组织与组织之间的协同性，同时为员工的数字化办公和群组的数字化协同提供方便，进而优化员工个人以及工作团队的数字化体验，达到助力各个员工和群组实现高效协同的目的。

1.2.2 / 战略规划：支撑数字化转型落地

数字化转型战略是企业数字化转型过程中不可或缺的一项内容，具体来说，企业在推进数字化转型工作时应从发展战略全局出发，将数据驱动的理念、方法和机制融入数字化转型战略中，并以自身的总体发展战略为中心来确定愿景、目标和业务发展方向等，针对自身实际情况为数字化转型工作设置相应的目标和方向，同时明确数字化转型的资源需求，提高数字化转型战略的全面性、系统性和整体性。除此之外，企业还应对业务、技术和管理等内容进行整合，集成职能战略、业务战略和产品战略，以便为更好地实现总体发展战略提供强有力的支持。

（1）描绘数字化转型愿景

企业应确保数字化转型战略框架与整体战略之间的一致性，并在公司内部基本达成一致的基础上将愿景和目标作为重要驱动力，加快数字化转型战略的落地速度。

数字化转型的愿景和目标能够体现出企业数字化转型对业务带来的实际影响。具体来说，在规划数字化转型的愿景和目标的过程中，企业既要全方位把握自身当前的信息化建设情况，也要广泛采集并综合分析自身所处环境，衡量自身在能力上与行业领军者之间的差距，并分析自身在数字化技术应用方面的需求。

不仅如此，企业还要明确以上各项问题的分析结果，并据此确定自身的数字化目标，以便从实际情况出发来对数字化转型的实际实施路径和具体行进路线进行规划。与此同时，企业也要广泛采集关于战略落地情况的实时反馈信息，确保战略执行符合自身的目标和规划。

企业在推进数字化转型工作时可以从以下三个方面入手：

① 竞争合作优势

企业可以从技术应用、模式创新和数据驱动等多个方面建立竞争合作优势。具体来说，在技术应用方面，企业可以综合运用新一代信息技术、产业技术和管理技术，并在此基础上对技术、产品或服务进行创新；在模式创新方面，企业可以对组织管理模式、业务模式和商业模式进行创新，为部门与部门、企业与企业、产业与产业之间的合作提供方便，并建立能够为创新和实现高质量发展提供支持的新模式；在数据驱动方面，企业可以利用各项数据资源对传统业务进行优化升级，拓展数字新业务，从而达到创新驱动和业态转变的目的。

② 业务场景

企业可以革新业务体系，针对用户需求和用户动态构建新的业务架构，并充分发挥自身在竞争合作方面的优势，在充分考虑端到端业务场景的前提下进一步提高业务的灵活性，以便借助业务来为柔性战略提供支持。

从实际操作方面来看，企业在进行系统化的业务场景设计时应综合考虑目标、内容和资源等多项相关因素，具体来说，主要包括以下几项工作：

- 企业需要对各个业务场景进行分析，并明确各个利益相关者的需求，确定能够被度量和实现的业务目标；
- 企业需要充分了解业务构成、业务过程等信息，并明确各个利益相关者的关联程度；
- 企业需要对实现业务场景所需的各项资源进行定义，如人力资源、数据资源等。

③ 价值模式

企业需要紧跟数字化技术发展趋势，革新传统价值模式，积极推进资源共享，并做好赋能工作，进一步提高业务的迭代速度和协同性，建立开放化的价值生态，从而达到最大限度地提升价值效益的目的。

价值模式分析主要涉及价值创造模式和价值分享模式，其中，价值创造模式主要包含价值创造主体、价值创造活动、管理或合作模式、价值创造过程和价值传递路径等内容；价值分享模式主要包含价值度量方式、价值分配机制和价值交换模式等内容。

（2）明确数字化转型目标

企业数字化转型就是充分发挥数字化和信息化技术的作用对核心业务和运营方式进行优化和革新。随着数字经济的快速发展，传统的管理模式、业务模式和商业模式已经无法充分满足当前的用户需求，企业需要利用数字化和信息化技术进行模式创新，并重构商业生态系统，以便有效促进业务增长和企业发展。

一般来说，企业数字化转型的目标主要与降本、提质和增效有关。

① 降本

企业成本涉及财务成本、管理成本、变动成本、固定成本、直接成本、间接成本、可控成本和不可控成本等多项内容。降本指的是企业通过数字化转型减少不必要的成本支出，避免资源浪费。

② 提质

产品品质涉及基本品质、附加品质、使用品质和感性品质等多项内容。提质指的是企业通过数字化转型对产品的研发、设计、制造、生产、检测、运维等多个环节进行优化，并提高生产线管理和品质控制的科学性、合理性和有效性，从而增强整体品质管理，达到提高产品品质的目的。

③ 增效

企业效率涉及生产效率、物流效率、渠道效率和研发效率等多项内容。增效指的是企业通过数字化转型来提高生产、研发、供给和销售等各个环节的运行效率和自身的整体绩效。

（3）构建系统解决方案

企业数字化转型是一项涉及战略、文化、数据、技术、流程、组织和服务等多个方面的系统性革新，企业需要根据自身实际情况制定系统性的解决方案，全方位推进数字化转型工作，支持各项相关要素之间的互相协同，避免出现转型不平衡、不全面等问题，充分保障自身的整体利益。

与此同时，企业还应优化完善战略规划、组织保障、制度体系、技术体系和物质支持等保障，为自身如期实现数字化转型目标提供支持，如图1-8所示。

图 1-8　数字化的支撑体系

具体来说，企业在制定系统性的解决方案时主要需要考虑以下几个方面的内容：

- 在战略方面，企业应从战略层面对数字化转型进行剖析，并充分认识数字技术在企业发展过程中的重要性；
- 在数据方面，企业应广泛采集各项相关数据，并全面管理数据采集、治理、挖掘、分析和智能应用等方面的各项工作，同时也要破除数据壁垒，支持数据共享；
- 在技术方面，企业应充分发挥大数据、物联网、云计算、移动互联网、区块链、人工智能等技术的先导作用，并对这些技术进行综合应用，让各项技术形成组合效应；
- 在流程方面，企业应优化或重塑端到端流程，以便有效管理、控制并动态优化业务流程；

- 在组织方面，企业应通过优化组织体系的方式最大限度地提高组织与业务流程之间的协调性，并实现对人力资源的优化配置；
- 在服务方面，企业应打破信息系统与信息系统、部门与部门以及企业与生态链之间的信息壁垒，从信息层面为信息系统、各个部门和生态链强化数字业务服务能力提供支持。

1.2.3 / 六化模型：数字化转型实施路径

企业的数字化转型是一项涉及战略思维、组织结构、业务流程和商业模式等多项内容的全方位、系统化的工作。对企业来说，在推进数字化转型工作时需要根据自身实际情况来制定转型方案，并找出适合自己的实施路径。企业可以依据数字化转型的"六化模型"（图1-9）确立数字化转型的实施路径。

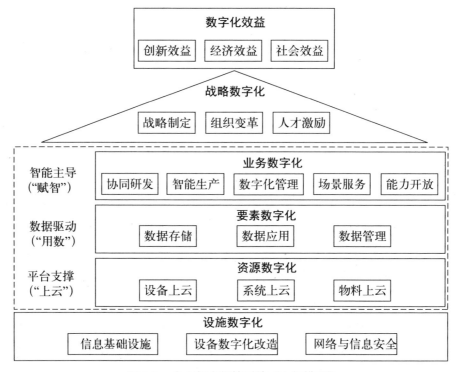

图1-9　企业数字化转型的"六化模型"

（1）战略数字化

企业的数字化转型具有系统性的特点，因此在推进统筹规划、顶层设计、系统推进等工作时要确保理念的一致性，并在此基础上设置转型目标、选择转型路径、明确要素投入。与此同时，企业也要针对数字化转型工作专门组建一把手负责制的工作团队，并建立相应的组织机制和激励机制，在制度上为数字化转型工作提供支持。具体来说，企业的领导层在企业数字化转型过程中主要需要完成以下几项工作：

- 组织相关工作人员设计数字化转型的战略规划和行动计划，带领各级员工落实数字化转型战略中的各项工作内容，并为数字化转型工作提供资金支持。
- 针对项目建立自组织结构，实施扁平化管理，并让员工进入企业内的多个工作团队，最大化发挥员工潜能。
- 加大对技术创新人才、数字化应用人才、数字化转型管理人才等各类人才的培养和激励力度，提升员工的数字化技能应用水平，并鼓励员工进行利益共享。

（2）设施数字化

5G、物联网、云计算、边缘计算和窄带物联网（Narrow Band Internet of Things，NB-IoT）等技术的应用大幅提高了各项硬件设施的数字化水平，企业可以借助这些技术提高硬件设施的系统、接口和无连接网络协议（Connection Less Network Protocol，CLNP）的标准化程度，进而赋予各项硬件设施一定的信息交互能力和安全防护能力，为自身实现数字化转型提供设施层面的支持。具体来说，企业的数字化转型主要涉及以下几项IT（Information Technology，信息技术）设施：

- 企业需要为数字化转型建设信息通信网络基础设施，如专线、以太网、传输控制协议/因特网互联协议（Transmission Control Protocol/Internet

Protocol，TCP/IP）和时效性网络（Time-Sensitive Networking，TSN）等，并充分确保这些设施的信息传输质量和信息传输速度，提高自身在设备、软件、数据采集和应用等方面的数字化程度，加强IT网络和OT（Operational Technology，运营技术）网络之间的联系，并在此基础上形成多源异构数据流。

- 在各项设施实现泛在互联后，企业还需增强设施的信息通信能力，支持各项设施在产品与设备、设备与设备以及数字世界与物理世界之间的实时通信、识别和信息交互，以便在边缘端完成设施数据的采集和传输工作。
- 企业需要充分发挥信息安全技术的作用，并加强对网络环境、数据采集、系统集成的检测和管理，确保以上三项内容的可用性、完整性和保密性。

（3）资源数字化

企业需要在云基础设施和云计算架构的基础上进一步搭建推进数字化转型工作所需的平台，并借助一些虚拟化、结构化的方式将生产过程中所涉及的各项设备、系统和材料等资源转移到云端，以便在云端建立资源库，实现高效的资源聚合和动态化的资源配置。

具体来说，企业数字化转型过程中的资源数字化主要涉及以下几项内容：

- 在云平台中，优化云计算服务模式，推动基础设施即服务（Infrastructure as a Service，IaaS）实现虚拟化；
- 支持业务系统在云平台中的互操作；
- 在云平台中集成并融合人、机器、材料、方法和环境等各项生产资料信息。

对企业来说，可以利用以下两种方式完成平台的搭建工作：其一，企业可以通过外部采购的方式获取设备管理、现场管控、用户管理、融资租赁、供应链金融和能源优化等服务资源，并借助外部平台为自身提升业务流程的数字化水平提供助力；其二，企业可以自主构建平台，并在平台中集成企业内部、企业外部、产业链上下游和其他相关产业链中的各项资源，为自身实现数字化转型提供资源层面的支持。

（4）要素数字化

企业既可以在平台中统筹规划并统一存储和管理各项数据资源，也可以在平台中建立算法库、模型库和数据库，整合各项数据资源，并利用这些数据资源来创新数据应用。

具体来说，企业数字化转型过程中的要素数字化主要涉及以下几项内容：

- 企业需要根据分类原则将来源于各类系统的系统数据划分到基础信息库和业务信息库中；
- 企业需要从平台中获取自身所需的软件工具，并建立基于技术、流程、方法、知识等内容且具有显性化的特点的算法和模型，从业务应用需求出发集成各项相关数据，提高这些数据的流动性，同时充分发挥数据分析和数据挖掘的作用，以便对各项数据进行创新应用；
- 企业需要充分利用各项平台管理数据，并对数据采集规则、数据共享规则、数据资产化规则和数据开放利用规则等各项涉及数据管理的规则和机制进行优化完善。

（5）业务数字化

企业可以在数据开放利用的基础上借助各项数据进一步创新业务流程，实现对科学研究与试验发展（Research and Development，R&D）、生产、管理、营销和服务等多个环节的优化升级，并利用各项数据进行价值创造，进而实现更多数字服务功能，扩大增值空间。

具体来说，企业数字化转型过程中的业务数字化主要涉及以下几项内容：

① 协同研发

企业需要构建具有较强的开放性的R&D创新平台，并在该平台中设置共性知识图谱和机制模型库，以便对R&D设计、工艺流程、质量检测和运维等方面的各项知识和信息进行共享，同时也可以借助数字样机来完成智能仿真和虚拟实验等工作，并为各级员工进行交互体验和学习优化提供方便。

② 智能生产

企业需要提高设备、产线、车间和工厂的智能化程度，在数据层面为生产制造过程中的全面感知、实时分析、精准执行和动态优化等工作提供支持，进而确保生产物料配送的准确性、生产计划调整的合理性和生产管理决策的智能化。

③ 数字化管理

企业需要通过共享业务系统数据的方式来提高管理的柔性化水平和决策的智能化程度，并推动管理和决策互相融合，充分确保管理的准确性和有效性。

④ 场景服务

企业需要利用具有开放性的平台进行交互，围绕用户构建营销场景，提高服务渠道的多样性，并对服务模式进行创新、对服务方式进行优化升级，提高用户需求的动态响应速度，同时有效落实数据资产化运营工作，形成新的跨境增值服务。

⑤ 能力开放

企业需要构建开发者社区等平台，并引导各类创新主体入驻到该平台，利用各类App为用户提供各类平台服务，在平台中实现平台服务和交易的互相协同，支持各个用户在平台中进行线上交易，打造新的业务生态环境。

（6）数字化效益

企业可以利用数字化技术为各项创新工作赋能，推动生态建设，并在此基础上创造更大的经济效益和社会效益，升级价值创造机制。

具体来说，企业数字化转型过程中的效益数字化主要涉及以下几项内容：

- 创新效益，企业可以借助数字化转型增强自身的创新能力、缩短R&D创新周期，并加快创新成果实现产业化的速度。

- 经济效益，企业可以借助数字化转型减少成本支出、能源消耗和库存，优化技术、管理、配置和服务内容，并扩大规模，提高产品质量和品牌价值。
- 社会效益，企业可以为社会提供就业机会，进而通过承担社会责任来发挥更大的价值。

1.2.4 组织融合：技术、业务与管理

组织融合在企业数字化转型的过程中发挥着十分重要的作用，一般来说，企业需要从技术、业务和组织管理三个切入点推进组织融合工作，如图1-10所示。在企业数字化转型过程中，技术融合能够发挥支撑作用，业务融合有助于价值实现，组织管理能够起到保障作用，三者之间互相协调能够为企业实现数字化转型提供强有力的支持，帮助企业通过数字化转型进一步增强竞争力和发展的可持续性。

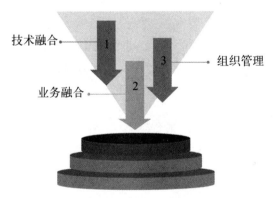

图 1-10 企业组织融合的三个切入点

（1）技术融合

近年来，大数据、云计算和人工智能等新兴技术飞速发展，企业可以将这些技术融入自身当前的系统中，通过技术融合来推进数字化转型工作。从

实际操作上来看,企业在技术融合时应先确保各项技术安全、稳定且具有一定的可行性,同时也要综合考虑技术是否符合自身的业务需求。

具体来说,技术融合可以从以下几个方面为企业数字化转型提供支持。

① 多源数据融合

企业可以通过技术融合来构建由来源、格式和结构等各不相同的数据所构成数据视图,并清洗和统一各个数据源,进一步提高数据的安全性、可靠性和一致性。

② 分布式数据处理

企业可以充分利用计算资源,通过在多个节点处进行数据处理的方式提高数据处理效率,增强数据处理的可扩展性。

③ 数据挖掘与机器学习

企业可以在用户分析、市场预测和风险管理等工作中充分发挥数据挖掘技术和机器学习技术的作用,从各项相关数据中提炼出有价值的信息,进而在信息层面支撑企业决策。

④ 数据可视化

企业可以将数据可视化技术应用到报表展示、大屏展示和移动端展示等多种业务场景当中,利用数据可视化技术对各项复杂度较高的数据进行处理,并以图表或图像的形式将数据表现出来,从而降低数据理解难度,为用户对数据进行理解和分析提供方便。

⑤ 主数据管理

企业可以通过主数据管理的方式来确保各项数据的准确性、唯一性和一致性,以便能够获取和应用高质量的数据。

⑥ 数据安全管理

企业可以通过数据安全管理对数据进行有效保护,避免数据被窃取或篡改,从而达到提高数据的安全性、保密性、完整性和可用性的目的。

⑦ 数据质量管理

企业可以以数据质量管理的方式来评估数据的质量,以便及时找出和改正数据中存在的问题,充分确保数据的精准性、可靠性和可信度。

⑧ 数据生命周期管理

企业可以借助数据生命周期管理将数据划分成不同的类型，并对各类数据进行归档、销毁等处理，进而实现数据的高效管理，同时也能够在一定程度上提高数据资源的利用率。

（2）业务融合

在数字化转型过程中，企业需要重塑和优化升级各项业务，利用各类数字化技术来革新业务流程和业务模式，推动业务与技术融合，并在数字化和信息化的基础上支持数据的共享和交互，进而实现精细化管理和决策。

> 三一集团在数字化转型过程中积极推动业务流程向标准化、在线化、自动化和智能化的方向发展，并将从概念到产品、从线索到回款、从订单到交付、从问题到解决的过程作为革新的重点，同时在此基础上对业务流程进行整体分析和重塑，充分利用工业软件固化处理标准流程，以便在线管理和控制流程中的各项活动和各个节点，达到提高业务流程的标准化率和在线化率的目的。
>
> 2013年，三一集团建立流程信息化部门，并开始对业务流程进行全方位梳理，推动业务流程的信息化转型。从实际操作上来看，三一集团构建了"3+2"流程管理系统，且各部分均有相应的管理人员负责进行梳理、设计和信息化总体布局，同时三一集团还搭建了流程信息化专业管理平台（Architecture of Integrated Information System，ARIS），制定了流程规范，确立了流程方法，为实现流程信息化提供了强有力的支持。不仅如此，三一集团还积极落实核心ERP（Enterprise Resources Planning，企业资源计划）项目，对产品的整个生命周期管理流程进行设计，对国际备件流程进行优化升级，并将自身的产品管理系统（Production Management System，

PMS）在其他国家中投入使用。

2014年，三一集团开始与德国的思爱普（SAP）和美国IBM公司建立合作关系，共同构建先进的流程信息化体系、端到端的企业管理平台以及个性化的管理信息系统，并根据实际需求先将客户关系管理系统（Customer Relationship Management，CRM）和产品生命周期管理系统（Product Lifecycle Management，PLM）投入市场，提高营销和研发环节的信息化程度，为企业实现数字化转型提供支持。

（3）组织管理

在数字化转型过程中，企业可以通过组织管理的方式全方位优化和改进自身的组织结构、管理制度以及文化氛围。从实际操作上来看，企业需要根据自身实际的数字化转型情况制定管理制度、构建组织架构，从而减少管理层级、提高管理效率，实现扁平化管理，同时也可以提高运作机制的敏捷性，不仅如此，企业还需打造具有创新、开放和协作等特点的文化环境，激发员工的创造力，鼓励员工积极创新。

1.2.5 评估方法：企业数字化成熟度模型

企业在数字化转型的过程中，不仅需要遵循既定的转型目标，也需要清楚所处的转型阶段，只有这样才能更好地制定后期的数字化转型策略。企业数字化成熟度模型正是评估企业数字化转型程度的工具，其具体由一系列维度和指标构成，并将企业的数字化成熟度划分为不同的阶段。

（1）三个维度与九项指标

企业数字化成熟度模型如图1-11所示。根据每一个指标对应的目标，如果企业已经基本实现相应目标，那么就意味着数字化转型有效。

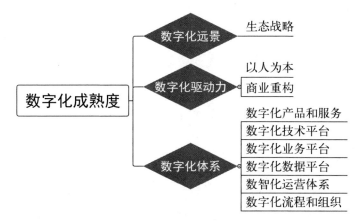

图 1-11　企业数字化成熟度模型

企业数字化成熟度模型的九大指标主要包括：

① 生态战略

生态战略体现了企业在数字化时代的基本生存观，企业的发展越来越不受固定"边界"的限制，而是基于用户需求、业务发展以及技术创新制定新的商业模式和生态边界。

② 以人为本

在数字化转型的过程中，企业更需要从用户出发，为用户创造新的需求、满足用户既有的需求、并提升用户的使用体验。数字化技术的运用可以帮助企业更精准深入地挖掘用户的需求，并为用户创造新的消费场景。

③ 商业重构

在数字化转型的过程中，企业应该尽可能利用数字技术挖掘数据价值，依托企业发展过程中积累的数据资源加强企业与用户之间的连接。同时，数字化技术的运用还可以帮助企业构建生态价值链，使得研发端、生产端、销售端、供应链端等全链路的连接更加畅通。

④ 数字化产品和服务

利用数字技术，企业可以更好地挖掘与用户、市场等相关的数据，并制定对应的数据策略、业务策略、体验策略，为不同的细分用户群体提供差异化、个性化、定制化的产品和服务,并拓宽与用户的连接渠道。

⑤ 数字化技术平台

数字化技术平台可以从两个层面理解:其一是现实空间与数字空间之间的连接体系,利用数字化技术,企业可以将现实空间的用户信息等数据映射到数字空间,并为后续的数字化转型提供数据支撑;其二是企业与用户的互动平台,利用数字化技术,企业能够在不同的渠道为用户提供一致的、优质的产品和服务。

⑥ 数字化业务平台

伴随数字技术的发展,市场竞争愈来愈激烈,用户需求则更加复杂严苛,这就需要企业及时进行业务创新。与传统的业务模式相比,小前台、大中台和稳后台的业务体系更有利于企业的业务创新、数据资源价值的发挥和生态战略的落地实施。

⑦ 数字化数据平台

进入数字化时代后,数据的价值被越来越多企业所重视。为发挥数据资源的价值,企业不仅需要制定数据管理策略、打造数据治理机制,还需要在企业运营的过程注意用户信息的采集,建立用户专属数据信息,打造企业独有的数据资产,并深化数据应用场景、提升数据服务质量。

⑧ 数智化运营体系

在数字化转型的过程中,要提升用户黏度、实现用户增长,就需要发挥数据的数字载体作用和产品的物理载体价值,深入挖掘用户和产品数据,从而驱动业务创新、构建跨界融合和生态协同体系。

⑨ 数字化流程和组织

在数字化转型的过程中,企业一方面需要打破原有的部门边界,推动整个团队的协同合作;另一方面需要打破企业的发展边界,以生态战略为指导,充分利用相关外部资源和社会资源。

(2)企业数字化成熟度等级

企业数字化成熟度等级是数字化成熟度模型在对企业的数字化发展水平

进行评估后得出的评估结果。一般来说，数字化成熟度模型会利用不同的数字、字母或符号来表示不同的数字化成熟度等级。

数字化成熟度等级的划分标准与数字化成熟度模型的指标和所处阶段相关。具体来说，数字化成熟度模型的初始阶段所对应的等级为1，重复阶段所对应的等级为2，定义阶段所对应的等级为3，管理阶段所对应的等级为4，优化阶段所对应的等级为5。数字化成熟度模型可以根据先进性和相关衡量标准对各个能力目标进行等级划分，且处于5个不同等级的能力目标均具有符合其实际情况的相关描述和划分标准，如图1-12所示。

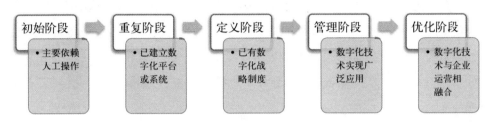

图 1-12　企业数字化成熟度等级

不同的企业数字化成熟度等级的定义各不相同，具体如下：

① 初始阶段

企业的数字化发展水平较低，已掌握的数字化技术较少，大量工作仍旧需要人工处理，且未制定明确的数字化战略和数字化管理制度，企业上下各级人员均未形成较强的数字化文化意识。

② 重复阶段

企业已经具备数字化平台或数字化系统，并开始对应用数字化技术的成本和收益进行计算和对比，已经出现数字化文化意识萌芽，但数字化技术的应用较少，各项业务流程对人力的依赖较大。

③ 定义阶段

企业已经具备明确的数字化战略、数字化目标和数字化发展计划以及完善的数字化管理制度，且数字化技术的应用范围较广，能够利用数字化手段对设备、系统和流程进行管理，数字化文化已经开始向企业上下各级人员的日常工作中渗透，企业也已经展开数字化转型工作。

④ 管理阶段

企业已经将数字化技术应用到各项业务中，并利用数据进行决策，同时也开始推进系统优化、应用开发、数据质量管理等工作，力图实现全方位数字化转型。

⑤ 优化阶段

企业已经基本实现了数字化，且数字化文化已经融入企业的方方面面，企业可以利用数字化技术在市场竞争中赢得胜利，并具备不断优化和创新数字化技术和流程的能力，能够凭借数字化技术获得更加广阔的发展空间。

随着企业数字化成熟度等级的提升，企业对数字化的理解水平和应用能力也越来越高，数字化文化对企业的影响也越来越深远。企业在数字化转型的过程中不仅将传统的工具升级为数字化工具，还全方位提高了自身在运营和管理方面的效率，能够有效增强价值创造能力。

（3）企业数字化能力评估方法

企业数字化能力评估指的是对企业的数字化转型能力进行评估，企业可以根据评估结果制定适合自身的数字化转型策略。对企业来说，数字化能力评估是找准数字化转型方向并明确数字化转型目标和数字化转型路径的有效方法，也是实现数字化转型的基础。

企业数字化能力评估的评估内容主要涉及数字化远景、数字化驱动力和数字化体系，评估等级与初始阶段、重复阶段、定义阶段、管理阶段和优化阶段5个发展阶段相对应，评估结果能够为企业发挥数字化转型的优势、规避数字化转型的风险以及把握数字化转型带来的机遇提供帮助，助力企业实现数字化发展。

企业可以利用各类数字化转型评估工具对自身的数字化成熟度进行评估，并据此衡量自身的数字化成熟度，制定数字化转型路线图，获取数字化策略建议和符合自身实际情况的数字化套餐包，明确自身所处的数字化转型阶段和实际转型需求，以便找准未来的发展方向并实现发展计划，如图1-13所示。

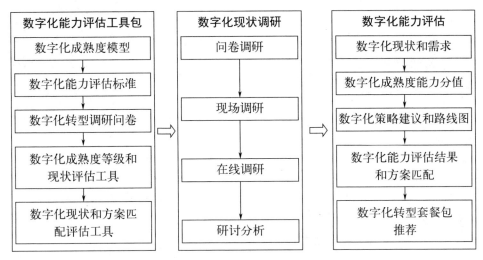

图 1-13　企业数字化能力评估方法

企业在进行数字化能力评估时，5个发展阶段所获得的分值直接与数字化远景、数字化驱动力、数字化体系三个维度以及生态战略、以人为本、商业重构、数字化商品和服务、数字化技术平台、数字化业务平台、数字化数据平台、数智化运营体系、数字化流程和组织9项指标挂钩，如图1-14所示。

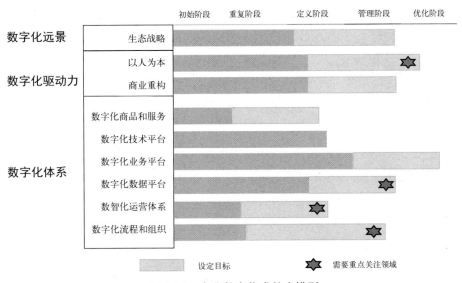

图 1-14　企业数字化成熟度模型

企业可以从评估结果、行业现状出发，对自身目标值和行业目标值进行对比，并绘制出图例，也可以根据数字化能力评估的分数来判断自身的数字化能力等级，并在明确自身当前的数字化转型情况和未来的数字化转型目标的基础上衡量二者之间的差距，以便获得适合自己的数字化转型建议，及时对数字化转型工作进行优化调整。

1.3 企业治理：IT战略规划设计与开发

1.3.1 IT规划的概念与演变历程

信息化建设规划（Information Technology Planning，IT规划）是指企业在行业内信息化技术与企业自身发展战略的基础上，结合内部管理需求、工作体系和数字化建设内容，作出信息化目标和内容的改革计划，从而为企业的信息化建设提供指导。

（1）IT规划的概念

狭义的"IT规划"与"IS规划"（Information System Strategic Planning，信息系统战略规划，ISSP）相结合，并形成了广义的"IT规划"。其中：

- **狭义的"IT规划"**：基于IS规划中的目标愿景和措施安排，IT规划组织并完成与信息系统各部分的技术、软硬件等相关的规划和安排；
- **"IS规划"**：在调研分析企业的业务愿景和发展规划的基础上，创建出虚拟的信息系统结构体系，构建信息系统的架构体系与目标愿景等，为企业业务规划（Business Strategic Planning，BSP）目标的达成奠定基础。

（2）为什么企业需要IT规划

企业进行IT规划的主要目的是解决以下可能出现的问题：

- IT系统冗杂，信息孤岛现象严重，部门间难以实现信息共享；
- IT相关的软硬件设施重复建设，浪费时间和资金；
- IT软硬件建设没有章法，不能形成有效的系统；
- IT建设标准不统一，企业内无法有效集成和共享；
- IT系统理念或配置过于陈旧，不能适应市场和技术的发展；
- IT系统不能满足业务部门的要求，IT价值无法发挥。

在进行IT规划后，企业就能够明确IT建设的大致方向和基本路径，避免以上问题的发生。不仅如此，进行IT规划还能够帮助企业解决以下问题，如表1-1所示。

表 1-1　企业 IT 规划能够解决的问题

解决问题	具体内容
战略—架构—执行三层面问题	战略层面：确保IT建设符合企业业务发展方向
	架构层面：确保IT架构能适应市场未来的发展趋势，具有一定的预见性
	执行层面：确保IT建设的可执行性，抓好建设过程中的监管工作，保障建设项目平稳落地
企业领导—业务部门—IT部门三层面问题	企业领导：明确IT建设目标，发挥IT系统价值
	业务部门：依据相关需求指导资源分配，提升IT系统价值
	IT部门：明确部门定位，优化组织结构，提升部门创新能力、服务能力和价值创造能力

（3）企业IT规划发展的三个阶段

企业IT规划大致可分为三个发展阶段：

① 电子数据处理（EDP）阶段

EDP阶段自二十世纪六七十年代开始，这一时期的IT规划着重研究为企业降本增效的方法，关键成功因素法与IBM的企业系统规划方法是其中的典型代表。

② 管理信息系统（MIS）和决策支持系统（DSS）阶段

MIS阶段和DSS阶段自20世纪80年代开始，IT规划的软硬件技术得到了飞速发展，能够应用于企业领域的管理信息系统和决策支持系统开始涌现，决策层与管理者也开始增加对信息系统的重视。该阶段的企业IT规划着重研究信息系统与企业需求之间的联系，如何搭建信息系统来解决企业的信息需求、提升企业的决策效率、辅助管理层的决策。信息工程法（Information Engineering，IE）、应用系统组合法（Application Portfolio Approach，APA）是该阶段的典型代表，它们均致力于发挥IT规划对企业发展战略的价值。

③ 战略信息系统（SIS）阶段

SIS阶段自20世纪90年代开始，伴随技术的创新和思想的进步，信息系统的价值在企业管理中日益得到重视。为了借助信息系统实现企业的战略目标，越来越多的企业开始应用战略信息系统。扩展的应用系统组合法、客户资源生命周期法等是该阶段的典型代表，其关注的重点均是信息系统与发展战略的有效集成。

1.3.2 / 企业IT规划的核心目标

为了实现各职能战略，企业需要确保IT规划能够有效落地。在制定IT规划的过程中，企业不仅要对IT规划有清晰的认知，还要把握IT规划程度，为IT规划提供强有力的保障，并掌握衡量IT规划实际落地情况的方法。

从实际操作上来看，企业可以将IT规划的总体目标分解成引领方向、凝聚共识和规避风险三部分（如图1-15所示），并逐一实现这三项目标，进而为实现总体目标提供有效支撑。

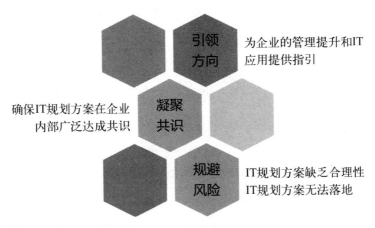

图 1-15 企业 IT 规划的核心目标

（1）引领方向

引领方向指的是企业的IT规划能够为企业的管理提升和IT应用提供指引。从本质上来看，IT规划即业务规划，能够为业务发展提供动力，同时企业在IT规划的过程中也会在一定程度上实现管理提升，一般来说，处于不同的发展阶段的企业在IT应用方向上也各不相同。

具体来说，在产品研发管理信息系统的应用方面，企业需要改变原有的新产品开发流程，对其中一部分开发环节进行整合，并对其他开发环节进行重塑。除此之外，销售规模不同的企业通常具有不同的信息化建设方向，对销售规模刚超过一亿元的企业来说，信息系统主要用于提升财务管理的信息化程度和实现办公自动化；当销售规模已经达到十亿元甚至百亿元时，企业的信息系统就需要具备更强的信息化能力，同时对IT应用的需求也会发生变化。

（2）凝聚共识

从管理层面来看，IT规划与管理决策存在同样的问题，那就是确保IT规划方案在企业内部广泛达成共识。

具体来说，在IT规划过程中，企业需要了解、整理和协商企业内部各方人员对IT的需求和看法，为支持IT规划的一方与反对IT规划的一方提供沟通的空间，鼓励双方就IT规划问题达成共识，并在此基础上制定能够获得各方认可的IT规划方案。

（3）规避风险

IT规划可能会为企业的业务发展带来一定的风险。具体来说，企业在推进IT规划工作时通常需要根据IT规划方案对现有业务进行调整，新的业务发展计划可能无法获得信息系统的有效支持，进而导致企业无法迅速抓住发展机会，难以实现快速发展，不仅如此，信息化建设失败也可能导致业务出现大幅波动或滑坡等问题。

在落实IT规划方案之前，企业需要充分考虑各项风险可能带来的问题，并探索有效的应对方法。一般来说，IT规划为企业带来业务风险的原因主要体现在两个方面：一方面，企业制定的IT规划方案缺乏合理性，在信息化建设过程中没有选择符合自身实际情况的信息系统，而实际选择的新系统也无法有效发挥作用；另一方面，IT规划方案无法落地，或落地方向与企业实际发展方向相悖。

以上三项目标的实现既有助于企业制定符合自身业务需求的IT规划方案，也能够帮助企业明确IT规划方案的落地方向，强化内部各方人员对IT规划的认同感，对信息化建设相关业务风险的全方位考虑也能够为业务发展方案的制定提供支持。

企业进行IT规划主要是为了推动业务发展和提升管理效率，因此需要实现从技术规划到业务规划的转变。从实际操作上来看，企业应针对自身业务战略选择符合自身实际情况的业务模式，并理清业务流程体系，基于业务流程和信息系统需求选择合适的落地工具。由此可见，整个过程主要涉及三项内容，分别是制定IT规划、指导信息化建设和固化业务流程运作。

IT规划离不开业务流程调研和业务流程分析，具体来说，企业在推进IT

规划之前必须先明确自身的业务战略,深入了解业务发展对信息系统的潜在需求,在梳理、分析、优化和整合业务流程的基础上制定IT规划方案,绘制全局业务流程现状图,并进一步借助IT规划实现流程创新。

在信息化规划方面,企业应在业务分析和管控模式分析环节厘清自身的业务流程和业务流程体系,并对这两项内容进行深入分析。对于业务流程梳理工作,企业需要从自身所处发展阶段出发,针对自身业务发展对信息系统的需求等实际情况进行分析,并根据分析结果衡量将业务流程梳理作为重点子项目的必要性。

IT规划落地的关键是以业务发展需求为中心,选择符合企业自身实际情况的规划方法和咨询公司,同时企业也要积极推动IT规划由技术规划向业务规划转移,并找准IT规划落地方向,在企业内部达成共识,合理规避信息化建设风险。

1.3.3 / 企业IT规划的3个层面

企业的IT规划主要体现在以下3个层面,如图1-16所示。

图1-16 企业IT规划的3个层面

（1）战略规划层面

从战略规划层面来看，企业的IT规划应以企业的发展远景和业务规划为基础，描绘信息系统远景，构建信息系统架构，厘清信息系统中的各个组成部分之间的逻辑关系，并为落实企业战略和实现业务目标提供支持。具体来说，IT战略规划方法如图1-17所示。

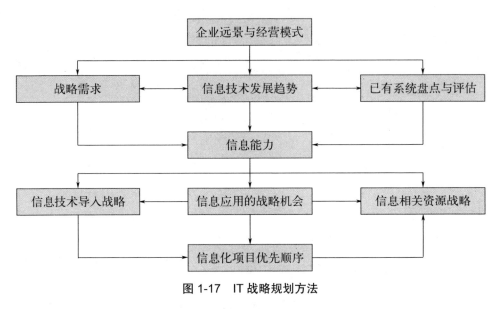

图 1-17　IT 战略规划方法

企业IT规划在战略规划层面所发挥的作用主要是为企业实现健康发展提供保障，为中长期发展规划和事业方针提供支持，以及利用信息化技术来优化和完善企业流程。IT战略规划相当于一项战略咨询项目，可以从管理和战略的角度来分析企业在经营管理等工作中遇到的问题，并从问题分析结果和企业战略目标出发，帮助企业确定IT建设的重点领域和方向。

（2）技术规划层面

从技术规划层面上来看，企业需要对信息系统进行分析和设计，如系统中的各个组成部分的支撑硬件、支撑软件、支撑技术和实施环境等，并学习和应用各项新技术，制定相应的执行方案，同时也要确保方案中的每个步骤的可行性。具体来说，企业信息架构规划方法如图1-18所示。

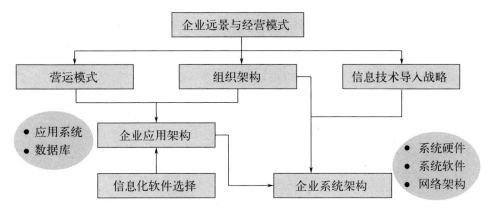

图 1-18　企业信息架构规划方法

企业信息架构规划与工程咨询相似，能够连接起企业的业务流程和IT手段。对企业来说，为了落实企业信息架构规划，既要掌握各项管理相关内容，也要深入了解IT技术手段和发展趋势。除此之外，企业还需在灵活运用各类信息化技术的基础上进一步了解业务流程，并集成业务流程的信息化需求和信息系统安全策略（Information System Security Policy，ISSP），进而确保能够成功运作信息系统。

（3）技术实施层面

从技术实施层面上来看，企业需要在掌握信息资源的前提下进一步打好信息化建设基础，如理清业务流程和信息需求、设置企业信息标准、构建信息系统模型。

技术实施层面连接起了IT方案和IT实施，且重视IT项目管理，企业可以在该层面上为软件开发项目和系统集成项目的成功落地提供支持。一般来说，技术实施层面的各项工作大多交给软件厂商、系统集成商或一些软件产品实施咨询企业来负责。

1.3.4 / 企业IT规划的6个步骤

企业IT规划中融合了各项相关技术手段和实践经验，能够在企业已经充分理解战略内容并掌握IT现状的前提下，帮助企业明确未来的IT战略目标，找准IT战略落地方向，构建IT架构和治理体系，规划IT战略实施路径，全方位支持企业实现战略目标。

具体来说，企业可以通过IT战略规划来明确自身所需的IT能力类型，探索获取和整合各项IT能力的有效方法，并利用IT来推动业务发展。现阶段，许多企业已经认识到了IT战略规划的重要性，并将其作为自身IT发展过程中的重要环节。

（1）IT规划整体思路

企业开展IT规划的整体思路如图1-19所示。

图 1-19　IT 规划整体思路

① 统一IT建设与业务发展方向

任何战略规划都应服务于企业的实际业务，因此企业在进行IT规划时需要以业务为中心，并确保IT发展整体方向与业务发展方向统一。

② 借助IT建设强化竞争优势

企业的长期发展依赖于其自身的可持续竞争优势，因此企业在进行IT建设时也要进一步塑造和强化自身的竞争优势。在IT规划的制订环节，企业需要构建基于信息化环境的新型能力体系，并充分发挥该体系的作用，塑造可持续竞争优势,以便更好地实现战略目标,建立起"新型能力——可持续竞争优势——企业战略"的循环。

具体来说,企业可以借助构建和完善制造执行系统(Manufacturing Execution System,MES)的方式来进行精细化生产管控能力建设,借助构建和完善ERP系统的方式强化自身的供应链管控能力,从而达到增强自身竞争优势的目的,为实现总体战略目标提供强有力的支持。

③ 围绕业务需求制订IT战略规划

企业在制订IT战略规划的过程中应深入了解各个业务部门的需求,支持各个业务部门大力落实IT建设工作,并通过IT建设推动各个业务部门的业务运作。

④ 利用新技术来为IT战略赋能

随着大数据、物联网和云计算等技术的快速发展,各项业务的技术支撑越来越强大,商业模式也日渐丰富,美团外卖和滴滴打车等各种新型商业模式层出不穷,因此企业需要紧跟技术发展速度,以科学合理的方式在IT战略中融入新技术,提高IT技术架构的前瞻性,并利用新技术对商业模式进行优化和创新,加快实现转型升级的速度。

(2) IT规划的步骤

企业开展IT规划的步骤如图1-20所示。

图1-20 IT规划的步骤

① IT现状评估：诊断IT建设问题

企业可以通过现状调研的方式广泛采集和分析各项IT建设相关信息，如IT应用系统、IT数据管控、IT基础设施以及IT治理等方面的信息，从而掌握当前的IT建设情况，了解自身在IT建设中存在的问题。

② 业务架构优化：提升企业运营水平

企业可以通过梳理业务职能和业务流程的方式找出自身业务架构中存在的问题，并采取合理的改进方法进行架构优化，以便利用更加完善、成熟的业务架构实现高水平的业务运作。

③ IT战略目标制定：架起企业战略和IT建设间的桥梁

企业可以在了解自身IT建设现状的前提下，从未来发展战略出发，明确自身未来的IT战略目标和定位，并设置新型能力目标，针对各项目标进行演进路线规划，连接起企业战略和IT建设。

④ IT架构蓝图规划：构建适应企业业务的IT架构

在了解IT建设现状并确定IT战略目标和业务模式的前提下，企业可以进一步展开IT架构的建设工作，具体来说，企业主要需要构建以下几项IT架构：

- **IT应用架构**。企业应根据业务架构来设计应用系统和功能，具体来说，企业所需设计的内容主要包括商业智能（Business Intelligence，BI）决策支持平台和预算系统等决策支持层应用、人力系统和财务系统等经营管理层应用、办公自动化（Office Automation，OA）和业务流程管理（Business Process Management，BPM）等协同办公层应用、运输系统和制造执行系统等业务运营层应用。
- **IT数据架构**。企业应做好各个系统间的数据分布规划和数据交互设计工作，在数据层面上为系统集成提供支持，并获取数据交互相关信息，据此找出企业主数据，明确主数据的属性和编码，进而实现数据标准化。
- **IT基础架构**。企业应综合运用云计算、虚拟化等新兴技术来规划IT基础架构，具体来说，IT基础架构主要由软件、硬件、网络和操作系统等组件构成，具有描述作用，能够对各项业务所需的公共技术组件或服务进行描述。

⑤ IT治理体系规划：提升IT管控及服务能力

为了确保IT建设的长期有效性，企业不仅要加大系统和基础设施的建设力度，还要构建、优化和完善IT治理体系。具体来说，企业在建设IT治理体系的过程中主要需要完成以下几项工作：

- **IT管控模式规划**。企业应从自身的集团管控模式出发展开IT管控模式设计工作，厘清各级组织间IT的关系，对其职责进行划分。
- **IT组织与人员规划**。企业应优化IT组织架构，完善人员管控机制，在组织和人员层面为IT建设工作提供支持。
- **IT管控流程优化**。企业应全面提高各项企业IT相关工作的规范化程度，具体来说，企业IT相关工作主要涉及IT项目管理、IT投资管理、IT运维管理、IT资产管理、IT绩效管理、IT安全管理等内容。

⑥ IT实施规划：确保IT蓝图的落实

企业可以借助IT实施规划将IT架构蓝图细化为多个项目，并按部就班地落实各个项目，从而提高IT战略实施的成功率。

从实际操作上来看，在推进IT实施规划的过程中，企业应先对IT项目进行识别，具体包括IT治理项目、基础设施建设项目、应用系统建设项目等内容；再厘清各个项目之间的依赖关系，明确各个项目的风险收益，并据此进行项目优先级排序；最后对各个项目的内容、建设目标、建设策略、建设进度、投入资金、预期收益、风险水平、风险应对措施等进行合理规划。

1.3.5 / 企业IT规划的5大要点

在企业IT规划的具体实施过程中，企业的首席信息官（Chief Information Officer, CIO）需要制订IT规划，并对自身制订的IT规划进行论证。一般来说，IT规划在质量上往往参差不齐，高质量的IT规划大多能够顺利通过论证，但质量较差的IT规划则无法投入实践。具体来说，企业CIO在制订IT规划时需要注意以下要点，如图1-21所示。

图 1-21　制订 IT 规划的 5 大要点

（1）从管理者的角度看问题

CIO 应站在管理者的角度上看待各项问题，挖掘企业当前在生产经营方面存在的问题，深入思考企业生产经营现状，明确企业管理者所需考虑的各项问题和方向，并在此基础上展开 IT 规划工作。

CIO 可以借助 IT 规划来了解企业的 IT 现状，掌握业务需求，并根据这两项内容来制定 IT 策略、规划发展路线，同时确保 IT 策略和发展路线符合企业在远景和战略方面的需求，能够为企业的业务发展提供支持。在实际规划过程中，CIO 可以先从难度低的项目入手，并找出企业经营中最具紧迫性的问题进行优先处理，也可以以数字的形式来呈现投资价值，提高投资价值的可视化程度，充分满足管理者关注的利润重点，提高 IT 规划效益的显著性。

（2）与核心业务相融合

CIO 需要把握各项核心业务和高优先级业务的需求，并在此基础上进行 IT 规划。在实际规划过程中，CIO 应找出重要性较高的业务，并分析企业当前的业务能力和 IT 能力。具体来说，业务能力分析指的是对业务活动运作模式进行分析，这有助于 CIO 衡量业务发展现状与目标之间的距离，找出影响业务发展的关键问题；IT 能力分析指的是对企业的数据库、基础网络和应用系统状况等信息化情况进行分析，这有助于 CIO 了解 IT 系统的适应能力，让企业可以利用IT能力来实现业务发展。

CIO在进行IT规划时应将核心业务和高优先级业务的需求放在首要位置，确保IT规划的结果有利于这两类业务的运行和发展，与此同时，对于核心业务或与组织、人员、流程相关的业务，CIO需要在IT规划时展现出业务与环节之间的一致性和相融性。由此可见，IT规划具有一定的辅助作用，能够促进企业的战略发展和业务发展。

（3）与企业发展情况相符

CIO在制订IT规划时应充分考虑企业现状，确保规划符合企业当前的实际发展情况。因此在制订IT规划之前，CIO需要先深入了解企业当前的发展规划，明确企业所面临的发展困境和在管理方面的不足，挖掘出各项亟待解决的问题，并在此基础上探索为企业发展提供IT支持的有效方法。

（4）分层次以保证执行和落实

CIO在进行IT规划汇报时应确保语言流畅、简洁、清晰、易于理解，除此之外，还需准备两份IT规划，其中一份上交企业管理者，另一份则交给IT规划实施部门。

在制订IT规划的过程中，CIO应根据不同的阶段分别与不同层级的员工进行交流，并就IT规划问题与企业的高层领导和业务部门进行充分沟通。具体来说，CIO呈现给企业管理者的IT规划应着重展示该规划在利润提升方面发挥的作用；呈现给实施部门的IT规划要吸引更多部门参与到规划编制工作中。

一般来说，在IT规划落地的过程中，各个部门之间需要互相配合、协同作用，因此CIO需要通过提高各个部门参与度的方式来为规划获得更高的认可度，防止出现因反对人数过多造成规划无法推进的问题，充分保证IT规划的可行性。

CIO在制订IT规划时应确保规划可落地，提高IT规划与项目实施之间的紧密性，防止出现二者之间互不关联的情况，确保IT规划的权威性。

（5）考虑"规划冗余"

CIO在制订IT规划时应全面考虑资源约束、外部变化等各方面的情况，并针对各种情况制定不同的IT规划方案，做到"规划冗余"，不仅如此，各项IT规划方案之间的优先级也各不相同，企业需要在执行过程中针对实际情况选择合适的IT规划方案。一般来说，CIO需要分析各项规划的实施风险，并找出各项风险的应对方法，提高IT规划落地的成功率。

IT规划有助于企业了解自身当前的技术掌握情况，明确发展路线，让企业能够在业务模式和IT系统之间建立适度的耦合关系，进而充分发挥IT系统的作用，为业务模式的变化和调整提供持续性的支持。

第 2 章

组织结构的变革与创新

2.1 平台型组织：开放共享与价值共创

2.1.1 平台型组织的3个层次

平台型组织是一种资源敏感型组织，是现代管理理论指导下的产物。由于平台结构能够在员工和市场机会之间建立连接，因此其不仅创新了企业管理模式，激发员工的工作自觉性，发掘员工工作中的创新点和增长点，也能够推进企业社会价值的发挥。平台型组织的作用机制如图2-1所示。

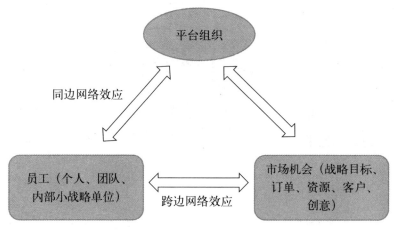

图 2-1　平台型组织的作用机制

一般用三个层次来划分平台型组织，即平台、平台战略和平台型组织，如图2-2所示。其中，"平台"是依托企业资源构建的物理空间或云端的平台；"平台战略"是指一种抽象的战略模式，该模式主张利用平台对多边资源进行整合，从而最大化地提高企业利益；"平台型组织"则是基于平台理念打造企业的组织架构并更新企业的运营模式。

图 2-2　平台型组织的 3 个层次

（1）平台

平台本意是为实现交易目的而创建的现实或虚拟的场所。平台能够连接拥有不同资源的群体，并以现有的群体为基础不断延伸交易的内容和领域，最终形成一个包罗万象的网状结构。此外，为提高交易的效率和公平性，平台通常会制定一系列规则和制度，并构建一个多方互利的空间。

随着电子商务和区块链技术等的出现，平台的种类也越来越多、越来越复杂。不过，无论平台处于物理空间还是云端，它们提供的服务性质是不变的。平台需要遵循资源统合、价值传递的基本规律，协调不同用户之间的交易行为，并从中收取相应的服务费用。

因此，从广义层面来看，平台是一种可以连接用户群体、能够提供价值流动的媒介。构成平台的主体主要如下。

- **用户**：作为供应链的终端，贡献消费。
- **供应方**：主要进行产品、服务的提供及售后的管理维护等。
- **平台提供者**：构建平台的基础结构，聚合供应方和用户。
- **平台支持者**：进行平台的日常营维护，控制价值流动的方向，避免非法交易产生。
- **互补方**：扩大平台的交易优势，提供稀缺的商品、服务等。

平台通过连接不同的群体，衍生出了自身的价值效应，传统的平台往往会受到时间、规模、需求、目标人群等因素的约束，而信息技术的发展使得平台不再受时间、地点等因素的限制，更有利于商品价值的循环。

（2）平台战略

数字化时代打破了旧有的交易规则。云端的商务运营从供给到结算一气呵成，并大大精减了中间核算的环节。平台在交易过程中实现了价值创造、价值传递和价值实现。平台能够起到沟通交流、制度约束的功能。平台的搭建，可以为手握资源的群体提供交流的渠道。

平台战略要求平台必须进行自我更新，必须把握系统观、整体观的方法论，汇聚信息与资源，充分进行不同群体之间的价值传递。系统性价值要求企业必须重新调整自身定位，成为价值创造的核心。定位转换的过程中必须进行价值网络的边缘强化，延伸信息统合的触角区域。同时，在保持自身组织凝聚力和核心价值观不变的前提下，企业还需不断伸展价值网络以拓宽市场。在网络扩展的过程中，平台受到外界的作用力也会增大。

平台具有延伸性网络结构，在拥有信息等资源时可以高效连接供给方与需求方，促进沟通的产生与效率提升。强大的网络能够为企业本身提供扎实的战略定力，网络结构则有助于最大化地捕捉商业信息，并提高成员的平台依赖度。而平台在自身发展的同时，与之相关的结构建设也会持续进行，更新的结构往往会展现出规模效应的特点。总之，平台的价值主要体现在对不同资源的集聚上。

（3）平台型组织

与传统的层级式组织相比，扁平化的组织结构能够大大降低内部管理开支，并驱动机构整体进行资源整合，增强员工的自主决策能力，从而提高组织对瞬息万变的市场环境的适应能力，助力企业做出最佳决策。

平台型组织始终面向不同用户群体，在数字技术的帮助下，平台能够宽泛地对内部和外部资源进行集成和分析，达到网络互联下的规模效益，实现多方参与的生态构建。

平台型组织的构建完善要根据企业的具体情况进行分析，不同的行业定位以及不同的企业规模都会影响平台型组织的网络边缘规划与核心分布情况，因此目前的平台型组织的定义逐步泛化，一般来说，具备自我驱动、交互赋能、开放协同、规模效应、用户导向等特点的企业模式都可以视作平台型组织。

2.1.2 / 平台型组织的2种类型

从对外以及对内的视角来看，平台型组织可分为外部经营平台和内部管理平台两种类型，如图2-3所示。

图2-3　平台型组织的2种类型

（1）外部经营平台

外部经营平台主要进行利益的再创造和生态的新赋能。企业凭借外部经营平台可以快速调动手中资源，扩大商业边界，以需求为核心进行内外经营体制的再赋能，拓宽网络边界，丰富产品维度，让用户享受到更多平台提供的产品和服务。外部经营平台也可以与其他企业进行联合，促进创新技术与服务生态的融合。外部经营平台能够吸引用户、促进消费和联结产业，联合相关企业构建生态，组建上下游完善的交易链，拓展交易的范围和深度，实现规模价值和生态效益的最大化。

阿里巴巴是外部经营平台的典型代表。基于业界领先的技术、丰富的数据资源以及强大的人才资源等方面的优势，阿里巴巴集团以阿里巴巴、淘宝和天猫等电商平台为主要阵地，在不断拓展网络边缘的过程中，着力统合电子商务、云计算、金融支付、网上社交、物流配送、线下商超等增值环节，形成浑然一体的生态体系，将线上购买与线下提货紧密结合，提升了用户在各个环节的使用体验。除阿里巴巴外，美团等采用的也是外部经营生态平台的策略。

（2）内部管理平台

内部管理平台的创建不仅能够提升员工工作的积极性，提高自主管理相关项目的能力；还能够实现市场运营前端的价值创造，大大增强企业的抗风险能力。

内部管理平台通常需要将后台、中台、前端的职能进行融合。其中，后台一般为内部人员管理和职能分配平台，主要进行信息分析和资源统合，开放式地布置人员管理结构，为整体生态建设打下基础；中台的任务是对企业的业务板块进行赋能，加强前端对市场需求属性的反映和接触，匹配与之相关的资源，给予前端所需的业务信息、联络技术等；前端直接接触用户，了解用户需求并积极响应，在满足用户需求的同时提升企业的市场竞争力。

华为公司2010年开始改变人事管理结构，在组织层面把研究和开发职能分割开来，由单核心架构转变为多核心架构，划分出运营商BG[1]、企业BG、终端BG和其他BG，每个BG设有平行独立的产品线，各个部门分别进行产品研究，并成立了2012实验室。然而，过于分散细化地开发资源，让华为各个团队之间无法设定确定的目标以及共享技术资源，使得重复开发和资源冲突问题愈演愈烈。2014年，华为重新启动整体化平台组织结构，用区域作为市场体系的主要参考，重组运营商和企业BG，重新研发组织回归体系和问题解决模型。新型的BG只保留了市场职能，成为专门的市场部门。同时，华为进行了体系结构改革，重新研发了以产品解决方案部门和2012实验室为代表的研发大平台，BG和地区部合并成为新的市场大平台，赋能管理大平台和包含采购、制造以及供应链本身的供应链大平台。几个大平台协同发展，构成了华为的平台组织策略，并由此达到了深度挖掘市场、共享信息资源的目的。

美的在2015年初确定了去中心化、去权威化和去科层化的核心管理思想，并在该管理思想的指导下进行了组织内的结构改造，新的"789"管理架构以7大平台、8大职能和9大事业部作为主体脉络。赋能后的前端平台人员获得了自我分析能力和自主决策权力，能够快速应对市场变化进行决策。同时，前端平台人员与前后端人员的沟通效率也大大提升，后端员工对前端提案的执行速率也显著提高。美的将"789"架构看作是暂时过渡性质的管理架构。在2017年、2018年这两年，美的确立了新的三层架构体系，包含了经营主体、协同平台和职能部门。第一层架构为经营主体，主要目标

---

[1] BG是Business Group的缩写，指的是业务小组，它是企业内部按照业务领域或产品线等进行划分的组织单位。

是完成KPI（Key Performance Indicator，关键绩效指标）、达到计划中的利润；第二层架构为协同平台，具体包括安得智联、IoT（Internet of Things，物联网）、美的财务公司和中央研究院四大协同部门；第三层架构是审计、IT等十大职能部门，它们负责完成具体的业务工作。

2.1.3　平台型组织的基本结构

平台型组织的基本结构为职能后台、赋能中台、用户前台和多元生态体，如图2-4所示。

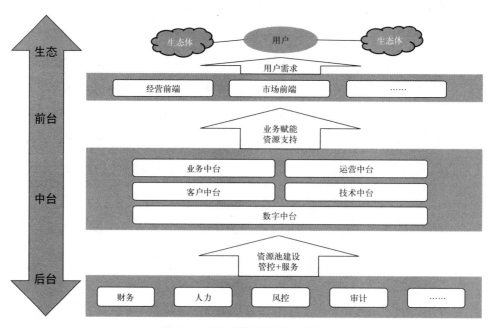

图2-4　平台型组织的基本结构

（1）"资源管控型"后台

后台职能部门旨在为前端业务发展提供支撑，"资源管控型"后台致力于构建资源顺畅流动的内部机制，强化部门的核心职能，对整体管控细节进行把握，提供高效及时的相关服务，成为自主优化、自主创新的职能管理平台。

后台负责管理企业的一类核心资源，比如财务系统、产品系统、用户管理系统、风险管控系统、战略指挥系统、生产建设系统、仓储物流系统等。后台是平台发展的基石，为前台的业务开展提供服务。而且，后台需要把工作重点放在公司的长久运营上，比如战略制定、流程服务、制度输出、项目落地、资源统合、绩效统计、资本运作等方面。"资源管控型"后台不是单纯的专业服务提供者，而是与平台息息相关的结合了共享、赋能和调控功能的组织。

（2）"业务赋能型"中台

中台介于前台和后台之间，大多数情况下指的是平台本身。中台的核心性质是能力复用。企业中台化就是进行企业的平台化转型，进而拓宽企业能力区间、沉淀和提升企业的核心能力。

中台在企业运营的过程中需要将共性的问题进行整合，挖掘出新的事务核心，通过增加平台的共享性、集约性和规模性来提高前端的运作效率和业务能力。中台是支撑平台的中流砥柱，建设中台必须沿着标准化、简约化和易用化的道路，打造出模块化、自治化的组织结构，统合资源调用和信息处理，让技术和数据在平台中自由地流动，并依据原有业务的核心能力衍生出与其他业务相关的核心能力，让资源不再固定于特定的组织结构中。

中台的核心功能是联系前台，而中台本身的类型可以根据企业结构和业务需求进行调整，简单的技术提供平台或是业务组织提高平台都可以看作为中台的一种。中台通过数字化改革能够将企业的核心能力沉淀到平台上，完成企业数据信息的闭环运作，为组织进行商业探索和业务创新提供动力。

中台的存在是为了更好地实现前台的规模化创新并提供配套服务，从而更快完成相应业务，匹配用户需求和业务能力。综上所述，中台是连接前台与后台的桥梁和纽带，主张资源统合、信息共享、赋权员工、能力沉淀，能够源源不断地为前台提供所需的技术支持、用户数据、专业人才等资源。

在运营实践中，企业中台的类型一般有业务中台、运营中台、客户中台、技术中台、数据中台等，如图2-5所示。

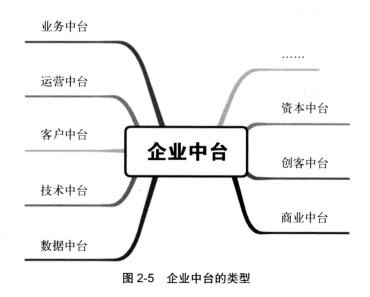

图2-5　企业中台的类型

（3）"用户导向型"前台

平台通常由核心资源组件和边缘组件组成。其中，边缘组件对外部市场敏感，有较强的衍生发展能力，能较快适应市场的变化。在数字化转型的过程中，如果企业能够灵活地将资源组件和边缘组件进行搭配，可以在边缘结构上生成多样化且具有强适应性的小型聚落。在平台型组织体系中，边缘组件承担了传统的前端市场的功能，但不同之处在于，这种新型的市场终端能够积极地接触用户、连接用户需求，是用户自己参与改进的多元智慧结合体，而且，在平台型组织体系中，边缘前台也不再是弱关联的前台，而是自主性强、核心泛化、分布交易的新型强前台。

平台型组织的前台还可以分为经营性前台和市场性前台两种类型。

① 经营性前台

经营性前台一般自主独立进行经营活动，在活动中自负盈亏和独立核算，常常以BU[1]、BG、子公司、事业部等的形式出现。一般企业的经营性前台具有数量少、规模大的特点，前台自身能够形成闭环。此外，前台和中台保持内部任务转接和交易数据核算的关系，当前台自主能力达到一定程度时，便可以脱离平台发展成新的平台型组织。

在美的集团的"10-11-12"结构中，负责营利的事业部门都是独立进行核算和经营工作的实体。它们的主要目标就是完成公司下放的KPI，将所获利益上缴到集团内部。它们可以获得来自中台的技术支持和资源赋能，但也要承担相关的费用。

企业内部也有一些分散的组织单元，能够同时履行经营和赋能职能，这些组织单元在资金链传递中起到润滑的作用，一般称其为"平台型前台"。如美的集团的平台中就存在诸如美的国际、美云智数、智慧家居等组织单元。这些单元一边对12个事业部的赋能工作提供优化方案；另一边也要满足KPI的考核，上缴所得利润。

② 市场性前台

市场性前台也是一种自主运营的前台组织，它们的特点是数量多、规模小但效能高，通常由多个项目小组组成。它们的设立目标是快速响应迫切的用户需求或进行横跨多个部门的沟通交流，通常情况下项目小组直接与用户进行交流，交流的方式有线上以及线下的多种类型，比如见面沟通、线下门店购买、App内进行商业活动等，这些行为都属于前台的范畴。

强前台与普通前台的区别在于强前台能够根据目标需求形成强执行、多功能的项目小组。这种项目小组往往具有解决方案、融资、回款、交付等多种技术能力，能够打破技术壁垒和信息阻塞，围绕项目和用户进行长期的团队运作，并在运作过程中寻找订单机会、获取商业成功。

---

[1] BU是Business Unit的缩写，指的是业务单元，它是企业内部的一个独立经营单位，通常由一组相关业务或产品组成。

市场性前台的决策权按照授权规则授予一线团队，中后台此时则退居幕后，实现支撑、保障、赋能、服务的价值，提供方便的交易环境；前台发挥带动作用，拉动中后台根据需求提供服务。强前台也必须要在授权许可下进行服务，业务中会受到条款、签约、价格、毛利、现金流等授权文件的限制，越界的交易行为必须经过上级的审核批准。强前台在具有高度自主权的同时也必须为自己的业务负起责任，承担全部或部分盈亏。

华为的"前端铁三角"团队构成体系体现了市场性强前台的概念。用户经理、解决方案专家和交付专家是团队核心的铁三角。铁三角具有内部、外部协同的双重功能：在外部能快速响应用户需求，依据交易信息创造价值点，根据环境和条件不同提供相应的解决方案，组建社群密切联系用户，完成交互和维护等一系列的工作；在集体内部发挥成员赋能、组织经营、信息统合、资源重组分配等方面的优化和协作功能。

"铁三角"能够在与用户沟通的前线阵地上及时发现机会、把握机会。而且，铁三角不是单打独斗的，往往与中台部门协同工作，给用户提供完善的服务。正如任正非所说"铁三角就是一个开票组织"。

（4）"多元主体"富生态

当企业对组织架构进行调整并搭建内部平台后，其所具有的市场竞争优势也会愈发明显。平台型组织可以根据业务的需要充分调用所拥有的资源，将后台的资源配给能力与强前台进行职能连接，形成拓展化的业务网络。企业强化边缘结构，赋能资源平台，能吸引更多资源注入，在构建的平台内部进行双边甚至多边市场的连接，在价值传递中扩大利益，发挥出极强的网络效应。而强大的网络效应也意味着企业在后续的运营过程中能够吸引更多的参与方，使平台的生态系统不断扩大，资源利用率逐渐提高。用户、参与方和供给方依托平台可以提高交易效率、优化资源结构、降低成本支出，形成多主体共创互联的富生态价值体系。

在这个富生态体系中，各个生态体与平台之间的关系并非客体与主体的对应关系，而是互为主体。相应地，生态体中的各个组织也具有了更强的互联性和开放性，它们不仅能够彼此之间进行互动，也能够与外部环境互联互通，通过多维的协同和共生，构建出一个开放、和谐的生态系统。

2.1.4 / 平台型组织的落地路径

传统的企业组织结构具有很多弊端，比如，企业内部往往依据权力划分进行工作，真正的用户需求往往被忽视；多层次、高核心的体系使得信息传输效率缓慢、信息丢失率高；组织内部各部门之间合作不够密切，不能统一利用资源；企业过于依赖外包处理，缺乏具有吸引力的企业文化，不能统一内部价值观，充分激发员工自觉性。

为此，新型的组织结构要朝着去边界化、去中心化的方向发展，只有及时进行改革创新，才能获得新的发展点，才能真正做到人才赋能、服务升级，也才能打造持续健康发展的生态体系。平台型组织的落地路径如图2-6所示。

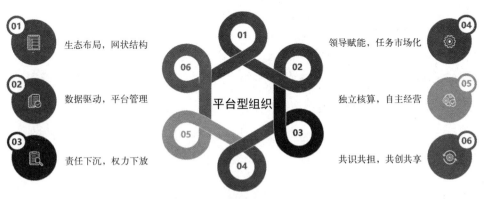

图 2-6　平台型组织的落地路径

（1）生态布局，网状结构

在数字化转型过程中，企业必须改变旧有的定式思维，制定生态化、多样化的战略定位和业务布局，投入更多精力和资源于平台和生态的建构中，保持战略定力，打破以往固定的垂直管理结构，用扁平化的网状管理结构加以代替，让企业内部组织之间能够加强交流联系、开放合作，前端组织积极与用户和外部生态进行融合创新，创建多主体协作的生态环境。

总之，高效运行的网状结构应该代替垂直单一的指挥系统，企业的组织架构应该是多中心并行的网状结构。

（2）数据驱动，平台管理

生态布局和网状结构给组织提出了新的要求，必须满足两个基础条件才能有效地进行组织的运营和维护。

① 数据驱动

在企业数字化转型过程中，生态布局和网状结构的建立和维护都离不开数据的驱动。数据驱动并非仅仅从业务层面进行数字化转型或对信息资源进行数据化处理，而是要求整个企业在经营管理模式上进行数字化转型，其中将会涉及一系列权利变动和责任分配。数据驱动下的企业运营并非由管理者发号施令驱动，而是围绕用户需求展开价值创造。

② 平台管理

当企业构建完成网状的组织架构和开放合作的生态系统后，其平台型组织的落地除了依赖于数据驱动，也离不开平台化管理。平台化管理，更利于企业对资源进行优化配置，让企业具有更强的业务运营能力和价值创造力。

（3）责任下沉，权力下放

数据驱动和平台化管理赋予了组织更强的资源利用能力、任务执行能力。因此，企业的运营也需要注意以下两点。

① 责任下沉

在传统的层级式管理模式中，企业经营的责任是上行的，即主要由管理者承担，而在平台型组织中，经营责任可以充分下沉，企业的各级成员都需要承担经营责任。与此同时，企业还需要建立责任共担体系，增强成员的集体凝聚力和企业归属感。

② 权力下放

与经营责任对应的是业务权力，由于经营责任已经下沉，那么权力也需要尽可能下放，成员出于业务的需要而执行工作，由此企业便成为自主经营体。

（4）领导赋能，任务市场化

平台型组织的领导定位也发生了变化，由传统的权威式领导转变为"愿景+赋能式"领导。其中，愿景代表着整体组织的远期目标，而达成愿景需要有规范化和体系化的战略来约束权力的实施。领导要考虑企业的整体利益，并积极发挥带头作用，维护扁平化人事结构的运转和优化，在实践中成为赋能式领导、愿景型领导。

企业内部改革的关键是内部任务的市场化。企业内部任务要摆脱简单的部门分配，而要依据数据和信息进行资源配置，内部任务一定要靠拢外部市场体系，并在内部经营结构与平台之间建立市场化交易关系。内部任务市场体系完善后，内部任务可以在平台上进行市场化交易，或者部分外包以提升企业的运营效率。

（5）独立核算，自主经营

分布式经营或自主式经营必须进行单元内独立核算。企业内部需要分化重组核算体系，将核算功能分割到每个自主经营单元中去，根据不同的任务模块要求进行相应交易的核算，依据任务和市场需要进行人力资源的合理分配。未来的企业职能部门将呈现动态化的、模块化的、标准化的、插件化的发展趋势，部门之间的人员变动会逐渐日常化，部门的合并和拆解也变得更加高效。模块化部门的实现前提就是独立核算，自主经营。

（6）共识共担，共创共享

平台型组织建立的基础应该是合伙机制。也就是说，平台型组织的运营需要基于共同的愿景和目标、承担共同的风险和责任、利用共同的优势和资源、分析共同的利益和成果。

数字化时代影响着每个企业和个体，企业必须了解数字化知识，抓住数字化变革浪潮，建立数字化的系统思想，并做出符合数字化时代要求的组织结构变更和人力资源优化行动，进而为企业发展注入全新动力。

2.2 / 自驱型组织：VUCA[1]时代的敏捷团队

2.2.1 / 去中心化时代的自组织

近年来，在企业管理领域，自组织管理备受关注。尤其海尔内部创客式组织变革的成功，更是将自组织管理推上了风口浪尖，赋予了这种组织形态、管理理念与方法超强的实践意义与借鉴意义。事实上，"自组织"这一概念早在数十年前就已在系统理论中出现，从早期的耗散结构理论到后期的涌现理论，自组织都是核心概念。从某种意义上来讲，对于复杂系统来说，自组织是一种基本属性。而且早在二三十年前，自组织就和管理实现了结合。直到进入互联网时代，自组织管理才有了实际操作意义。

与"自组织"对应的为"他组织"。所谓"他组织"，指的是指令来自系统外部的组织，因此其成长的能量也来源于组织外部。而"自组织"则有所

---

[1] VUCA 是 Volatility（易变性）、Uncertainty（不确定性）、Complexity（复杂性）、Ambiguity（模糊性）的缩写。

不同，不需要借助外部指令，内部系统就能够依据既有的规则自动生成相应的结构，并不断产生愈来愈强大的功能。可以说，"自组织"具有明显的自生性、内生性。

下文中会讲述的无边界组织的理念是受到生物学的启发，自组织也是如此。以人体为例，在进行重复性活动时，即使不保持高度的注意力，人体也能顺畅完成所需动作；当皮肤等组织出现破损时，其能够在一定时间内自我修复。自组织就是这样的组织形式，它能够在外部物质流、信息流、能量流输入后，自动形成新的结构，并拥有更为强大的功能。

进入数字化时代后，与企业相关的信息愈来愈多，这就需要企业的组织结构能够快速采集、识别、筛选、处理和利用有价值的信息，并基于这些信息做出相应的反馈和正确的决策。传统的自上而下的层级式结构显然难以满足这种需求，那么最终企业就可能难以保持竞争优势，甚至被市场所淘汰。因此，企业所采用的组织结构应该具有较强的自我调节和适应能力，并快速响应市场需求、应对环境变化。

自组织正是这样一种组织形式。具体来看，自组织具有两个明显的特点，如图2-7所示。

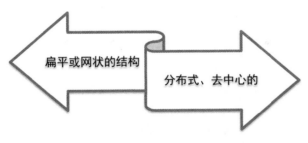

图 2-7　自组织的两大特点

① 自组织是扁平或网状的结构

与直线式或矩阵式的结构不同，网状结构是以价值为出发点的，其不仅信息传递速度快，而且更容易获得颠覆式的创新。而且，数字时代的新兴技术，能够赋予自组织更强的数据基因，使其具有强大的应变能力，能够根据消费者需求和市场的变化进行快速调整。

② 自组织是分布式、去中心的

与传统组织结构相比，自组织是去中心化的，但这种"去中心化"并不意味着组织是完全无中心的、分散的，而是指组织采用多个控制中心。此外，自组织中仍然需要进行角色分工，不过这种分工并非固定不变，而可以随着企业业务发展的需要适时调整。

2.2.2 / 自组织模式的5个特征

自组织的基本含义是一个系统通过内部中低层单元或要素的局部变动实现有序化，形成新的结构。在这个过程中，单元或要素的变动不受外部干预或内部控制。具体来看，自组织模式有以下特征，如图2-8所示。

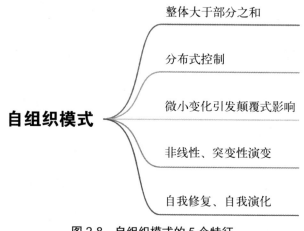

图 2-8 自组织模式的 5 个特征

（1）整体大于部分之和

"1+1+1>3"这种效应在系统理论中有一个专有名词——涌现。在这个公式中，"1"代表的是组织中的个体或局部群落，层级较低。这些个体或局部群落在某种机制的作用下实现连接，相互协同、作用形成一个完整的系统功能，这个系统功能比所有个体或局部群落加起来要大很多。在合作领域，这是一个奇迹，它开创了一个共赢局面。

那么，为什么"1+1+1>3"呢？这主要是因为当系统的各个部分处于孤立状态时，难以从其运作方式中窥见系统整体运行的脉络，不连贯的过程使得组织内成员无法理解系统原理，也就无法复制成功的经验。虽然组合起来的整体充分展现了组织的优势，但当局部没有相互连接时，对于管理的要求就相当苛刻了。

（2）分布式控制

自组织模式的控制结构属于分布式控制，也称集散控制系统，本意是计算机控制系统的一种，后来含义逐渐拓展。目前，"分布式"的概念在各个行业、各个领域的应用十分广泛，如"分布式能源"满足网格式的就地能源需求，又如"分布式计算"降低计算机系统的计算成本。在企业的组织管理中，分布式控制明显区别于传统部门科层的金字塔形组织架构，并没有一个最高级的决策中心掌控着组织的工作方向，通过决策的层层下达实现组织的运行；而是将决策的权力下放给每一个团队，让组织架构更加扁平，每一个个体都是决策—执行的单位，都是组织的神经元。

因此，在传统科层组织中存在的部门，转换到自组织模式中就变成了具有协同工作能力的小团体，甚至小团体的自主性还要高于原本的部门。由于其功能比较全面，可以独立完成决策、执行、恢复、扩充的过程，对突发事件也有临时应变能力。但自组织模式的组织边界模糊并不意味着组织缺少纪律性，去中心、多中心也不说明组织内部缺乏凝聚力，各组织之间依然存在着工作、项目上的联系，互相依存、互相影响，只是去除了组织内绝对中心的管控，每个团队都能放开手脚，更自由地发挥作用。

（3）微小变化引发颠覆式影响

在传统的科层结构中，组织架构的变化都是由上而下的，是由决策中心统一制定管理模式；而在自组织模式下，企业的架构是由基层小团队决定的。作为整个企业人事结构的基础，基层团队微小的改变会体现为企业整体架构的巨大不同。因此，当自组织不断发展，达到质变节点时，任何一点细微的变化都会导致整个人事系统的变革。

（4）非线性、突变性演变

非线性意味着两种事物之间并没有明确的先后变化关系，两个变量之间并不是呈比例变化的，这并不能说明两者没有关系，还可能是关系比较复杂，涉及的因素较多。突变性的意思是变化不知道在何时何地发生，发生程度、影响范围等都不确定。自组织演变之所以呈现出非线性、突变性的特点，主要原因在于其采用了分布式控制，去中心、多中心，传感、传输、传导机制比较复杂，呈现出系统、立体、网络化的特点，局部非常细微的变化都很有可能导致整体发生较大变动。

（5）自我修复、自我演化

如果一个组织处于开放状态，即便能量耗尽，即将"死亡"，通过与外部的能量交换也能重新焕发生机，组织结构与功能都能得以恢复。只要条件合适，借助内部的运行逻辑和成长逻辑，组织都能"浴火重生"，实现进一步发展。

2.2.3 / 自组织管理的4大核心

自组织的有序化是自行实现的，不需要外力作用和中心控制，那为何要设计机制推动自组织成长呢？其原因有以下几点：

- 企业组织具有一定的非自组织属性，只不过不同企业中的自组织属性与非自组织属性的占比不同，所以其控制方式具有立体、融合、多样的特点。
- 若原组织属于垂直控制结构，在引入去中心化的自组织模式之前还需要发挥中心的作用，通过中心的控制功能将自组织引入成型，在自组织能够自我运转后再逐渐淡化控制中心。在这个过程中，控制中心的作用包括但不限于制定措施、整合资源、维护秩序与提供保障。

- 即便是完全的自组织，要想实现特定目标、衍生出需要的功能，也需要采取一些措施对其进行干预，比如改变输入、对反馈进行调整、对系统内部结构与机理进行适当调整等。

基于对自组织属性的分析，可以发现自组织管理的核心主要体现为以下四点，如图2-9所示。

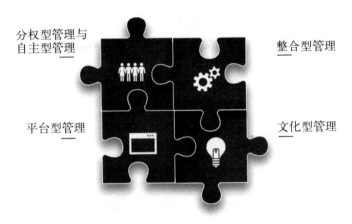

图2-9　自组织管理的4大核心

（1）分权型管理与自主型管理

分布式系统、去中心化结构表示自组织采用的是扁平化结构，组织中的各个主体相对独立地朝着目标行进，当然整个行进过程发生在一定权责边界范围内。因此，自组织的管理应该是分权型管理与自主型管理。

（2）平台型管理

在管理过程中，自组织要做好平台打造工作，这是其管理重心。打造平台指的是为组织内员工提供成长的舞台，向其展示自身价值，也为其自我成长提供支持。

平台具有多形态的特点，它涵盖了资源平台、规则平台、信息平台等诸多形式的平台，这些平台各有各的功能，比如信息平台发挥了协同枢纽功能等。需要注意的是规则平台为自组织的成立与运行提供了强有力的保障。"无规矩不成方圆"，同样，自组织没有规则也无法有序运转、实现特定目标。

（3）整合型管理

虽然自组织使用的是分布式系统，推行边缘创新，实现多点驱动，但不代表组织内部彼此割裂。对于系统和组织来说，它们是产生效能与功能的重要途径。甚至从某方面来看，它们推动组织实现了健康发展，增强了组织的适应性，让组织得以更好地进化、发展。具体来看，整合型管理涵盖了以下内容。

a.规定了分散控制与统一控制的关系，以及应当在什么情况下进行统一控制。与统一控制相比，分散控制更加灵活且可调节，统一控制则更适合需要全局协调的场景。统一控制有很多种形式，如上文的平台打造就是其中之一。明确环境状况，可以帮助自组织在分散控制和统一控制间做出正确的选择，最大限度地受益于这两种控制方式。

b.注重整合与组织相关的较为零散的资源与信息，实现这些有利因素的利用。将整合的资源与信息汇集起来并抽象化，便于组织成员共享。

c.在细分规模比较大的工作任务时，要注意单个任务之间的同类项合并。将具有共同特点的许多小任务合并在一起，可以去除重复的流程，加快工作速度。在这些合并起来的任务模块之上，还存在着更高的层级，通过把握更高层级的任务节点，实现各个封闭任务模块的衔接，最终完成任务。

d.自组织要注意风险的防控，一般来说，对于不同的突发状况都要有专门的解决措施，自组织要将这些措施结合起来，在遇到风险时及时划分安全区，使用应急手段，解决突发状况，避免带来负面影响。

（4）文化型管理

对于自组织来说，虽然结构相对独立，但整个运行过程也必须处于企业文化的监督之下。

一方面，这是因为自组织所处的市场环境变幻莫测，自组织也会采取比较灵活、弹性较大的政策，为了完成组织的工作目标，实际政策难免会与整个企业的价值理念相冲突，想要实现企业的存续发展，组织需要恪守企业文化的要求，积极响应企业理念的号召，遵循员工行为准则。而自组织模式的影响是从下到上的，组织的行为与企业文化相悖，企业也将颠覆，因此自组织必须坚持基本原则不动摇。而组织的内外关系比较复杂，这要求每个成员都要在认同企业文化的前提下灵活应变，只有这样，才能兼顾核心理念与实际环境，企业才不会变成一盘散沙。

另一方面，由于自组织模式的分散、去中心化，缺少决策中心的引领，就需要价值观来统一成员的行动。从这个角度，培养价值观是企业的必然之举。自组织要想实现协同，必须形成统一的价值观。

最后，需要注意的是，有些企业在内部分割出很多小型的核算单位，推行内部承包制度，这与自组织是完全不同的两个概念，不能混为一谈。

2.2.4 / 自组织驱动的战略变革

目前，企业面临的外部环境发生了极大的改变，尤其是在进入互联网时代之后，在互联网的作用下，信息传递范围越来越广、速度越来越快、效率越来越高，社会、产业、市场发展新增了很多不确定性因素，颠覆性创新大爆发，并不断扩散、蔓延。在此情况下，"自组织"引起了巨大关注。因为在这种市场环境中，企业要想实现持续健康发展，就必须开展自组织变革，成为自组织或者说企业必须拥有自组织的属性和机制，以适应外界环境的变化，实现动态成长与发展。

现阶段，很多技术都在朝着不确定的方向发展，市场同样如此，近年来，随着消费不断升级，市场需求不断改变，表现出了极大的不确定性，这种情况出现的原因有两点：

- 新一代消费群体是伴随互联网的发展而成长起来的，可利用互联网从各个渠道获取信息，对信息进行有效处理，因此其需求愈发个性化、自主化，且变化速度极快；
- 持续不断的创新催生造出了很多新需求，在技术、市场均不确定的情况下，为了应对复杂的竞争局面、降低被颠覆的风险，从战略层面来看，企业必须开展自组织化变革。

企业的自组织战略变革需要着重把握以下几点。

（1）以分布式创新应对多元化格局

面对不确定的未来及复杂的发展路径，组织的计划、指挥、控制不能建立在单一的指挥中心之上。对于企业来说，有必要建立专门的创新平台，不断挖掘、培养、发展出几个高度自治的次级组织，从上到下逐级确定具体的创新方向，结合实际选择创新项目，整合各层级的资源、信息、人才，形成创新小组不断试错、突围，增强企业的自主创新能力，同时也能在这个过程中排查技术风险，避免各种未知问题的发生。由此形成的是一个完整的创新生态，可以将企业的所有创新工作纳入可控的环节中，应对多元化的市场格局。

通过这种分布式创新，组织内部、外部散落的各种资源都能实现充分挖掘、有效整合、优化使用，从而让组织具备开放性、弹性、流动性等特征。

（2）以边缘性变革推动企业数字化转型

企业在长久的发展历程中，往往会与一些友商建立合作，企业内部的各部门也会产生一些固定的利益关系，这时的人事关系往往比较复杂，各个岗位也会因为各种业务而变得固定，这种情况难以改变，贸然改革可能适得其反。在这种情况下，组织开展边缘性变革是比较稳妥的做法，通过局部、边缘性的变革试验慢慢推动企业转型。而且，相较于组织整体变革来说，边缘性变革的方式更加灵活，组织付出的代价也比较小，即便失败也不会对大局产生太大影响；而一旦成功就可以在企业内部推行，逐渐实现组织的整体变革。

（3）通过机制设计推动组织自发成长

通过前面的论述可知，自组织内部各主体是非线性关系，其变化具有突变性，再加上市场环境难以预测，自组织基本无法提前制定发展策略，规划组织的成长路线。但凭借一些机制调控组织的发展却是可行的，比如责任制衡机制、市场自律机制、利益分配机制、对标管理机制等。通过这些措施的共同作用，可以在变化的市场条件下保证组织的工作能力不受影响，可以提升自组织的凝聚力，为自组织赋能，使工作效率提高、应变能力增强。组织的能力要素网络组建起来，搭建组织的基本目的也就能够被实现。机制设计就是从根本上设计自组织的运行逻辑。

2.3 无边界组织：重构组织治理新模式

2.3.1 传统组织 vs 无边界组织

从20世纪90年代开始，市场竞争愈演愈烈，信息技术发展速度越来越快，全球化进程也在快速推进，企业竞争更是超出了单一的区域延伸到了全球。在这种情况下，企业内部环境、外部环境变得不可预测，企业组织模式亟须变革，以快速适应市场变化，对各种资源进行有效整合，实现持续创新，使组织的竞争力、适应力不断提升，最终更好地满足用户多元化的需求。

19世纪末20世纪初，在弗雷德里克·温斯洛·泰勒（Frederick Winslow Taylor）、马克斯·韦伯（Max Weber）、法约尔（Henri Fayol）等管理学家的提倡下，传统组织设计理论正式诞生。泰勒提出了科学管理理论，在组织设计方面，该理论有三个非常重要的观点：第一，设计计划部门；第二，实行职能制；第三，实行例外管理。韦伯提出了官僚行政组织。法约尔提出构建金字塔形的组织，在组织中设置参谋机构。

之后，管理科学理论诞生，该理论倡导用数学方法解决管理问题，使泰勒、法约尔、韦伯的管理理论在组织设计方面的应用得以进一步强化，直至20世纪80年代末官僚体制形成，这是一种通过理论与实践双重验证的组织结构。这些组织结构有一些共同特点，具体表现在以下四个方面：

- 在专业化的基础上进行劳动分工；
- 建立严格的层级结构；
- 规模庞大，集权化程度高，正规、复杂；
- 职责明确，与外部环境存在竞争关系。

这些组织结构有一个共同的前提：假设外部环境稳定。而进入信息时代以来，信息技术迅猛发展，传统的时空观念被颠覆，"地球村"的概念愈发清晰，扁平化组织、学习型组织、网络组织等新的组织结构相继出现，流程再造、虚拟企业等新概念层出不穷。对新环境下组织结构的这种变革以及组织结构呈现出来的这种特点进行概括就是组织边界模糊化，从理论上来讲就是"无边界组织"。

美国通用电气公司（General Electric Company，简称GE）前CEO杰克·韦尔奇曾对"无边界"的理念做出过这样的描述：在无边界组织中，存在于各职能部门间的界限全部消失，各部门之间能自由流动，一切活动都公开透明。在组织外部，无边界组织将引入供应商与用户，将其变成单一过程的组成部分。如此一来，组织就像一个生物有机体，因隔膜的存在而具备外形。虽然这些隔膜具有一定的强度，但食物、氧气等物质依然能顺利通过。同理，在无边界组织中，虽然各职能部门之间存在"隔膜"，但信息、资源等内容能够顺利地穿过"隔膜"实现互动与交流。如此一来,虽然企业依然存在不同的职能部门、职能界定,有最高领导、中层管理者、普通员工之分,但相较于各组成部分的功能来说,组织作为整体的功能要强大很多。

无边界组织是在计算机网络化基础上建立起来的能快速适应环境变化的组织,该组织将速度、创新、整合、弹性视为关键成功要素,与传统组织结构有明显不同,具体如表2-1所示。

表2-1 传统组织与无边界组织的比较

项目	传统组织	无边界组织
外部环境	简单、稳定	复杂、多变
成功的关键要素	规模、控制、专业化、职责明确	速度、弹性、整合、创新
开放性	比较封闭、无法快速应对环境变化、通过选择环境减少不稳定性	比较开放,对环境变化的接受度较高,可对环境变化做出快速反应
结构稳定性	基本上固定不变,刚性较强	弹性、动态性、多样性,可以持续适应新环境
协调方式	硬性协调方式	软硬结合
任务与职能	通过组织	根据具体情况及相互之间的期望值做随机说明
程序与规则	正规的成文性规定比较多,严格按规定行事	成文性规定较少,非正式规定比较多
决策方式	高层集中决策	分权决策
权力结构及来源	权力结构集中,权力来源于职位	权力结构分散、多样,权力来源于知识与特长
活动的差异性与专业性	职能部门明确、相互孤立	工作丰富化、扩大化,有时会出现重叠的活动
活动的正规性	活动通常比较正规	活动的正规性较差

2.3.2 / 无边界组织的主要特征

市场经济的发展、员工内在需求的转变以及企业竞争的变革等方面的不断变化,对企业的组织形式提出了新的要求。无边界组织正是迎合这种需求而诞生的。所谓无边界组织,指的是其边界不会受预先设定的定义或结构所限制的组织形式。与传统的组织形式相比,无边界组织是非结构化的,具有更强的灵活性和弹性。

实际上,正如上文所说无边界组织的理念和形式是受到生物学所启发的。在自然界中,生物有机体的体内往往存在一种隔膜,将胸腹腔等进行分隔。这种隔膜既具有一定的强度,又能使得氧气、营养物质等顺利通过,从而保证生物有机体生命的维持。同样,无边界组织为了保持合理的管理跨度,仍然具有不同的职能和边界,一方面企业运转所需的资源、信息等能够顺畅地通过边界,另一方面不同级别的管理者和员工也能够根据需要自由沟通、开展合作。

无边界组织的主要特征体现为以下几点,如图2-10所示。

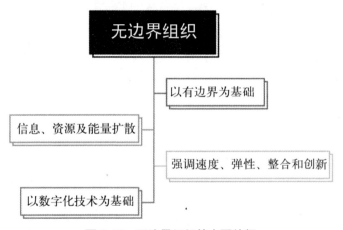

图 2-10　无边界组织的主要特征

(1)以有边界为基础

传统企业的组织结构有五种边界,分别是垂直边界、水平边界、外部边界、地理边界、心理边界。

- 垂直边界是指企业的职位高低与层级等边界;
- 水平边界是指根据职能划分的部门之间的边界;

- 外部边界是指企业与供应商、消费者、竞争对手的边界；
- 地理边界是指国别、文化风俗、消费习惯等边界；
- 心理边界是指企业成员和友商等对企业的心理认同边界。

即使无边界组织一定程度上消除了企业的五种边界，企业的这些边界也仍然以某种形式存在着，只是由于业务的拓展与组织架构的变化而不再清晰，其效果如生物的"半透膜"，可以供资源、信息通过。组织在接收或向外界传递这些资源和信息时，会通过团队协同发挥组织各部分的职能，提高信息的传递效率，并使资源在组织中更合理地分配，最终提高组织的工作能力，开创新的工作方法，为企业创造效益。

（2）信息、资源及能量扩散

无边界组织中的边界就像有机生命体中的"膈膜"一样，虽然膈膜将生命体内部分割成不同部分，但食物、氧气、血液能非常顺利地通过。具体到无边界组织就是，虽然组织内部依然存在部门划分，但信息、资源、能量等能非常容易地通过部门间的界限实现交互。由此可见，无边界组织建立在边界的基础上，不是否定、消除边界，而是增强边界的渗透性、扩散性，为跨部门工作的开展提供方便。

（3）强调速度、弹性、整合和创新

传统组织结构成功的关键原因在于规模大、职责明确、专业化程度高、控制力强。首先，组织规模越大，平均生产成本就越低，议价能力就越强；其次，职责明确可有效提升企业的生产效率；再次，专业化程度强调劳动分工；最后，上述事项的实现离不开组织强有力的控制。虽然传统组织结构有种种优点，但它无法快速响应环境变化。

为了能对外界环境变化做出快速响应，无边界组织将速度、弹性、整合、创新视为关键要素。

- **速度**：无边界组织具有更强的应变能力，面对突发状况，能够更迅速地采取行动。
- **弹性**：组织成员能够定期轮值，学习不同职位的不同工作技能。
- **整合**：无边界组织能够根据工作目标将团队成员组合起来，员工之间各有分工但整个工作流程可以顺利完成。
- **创新**：无边界组织中不存在太多繁文缛节，工作氛围能够促进创新点的产生。

（4）以数字化技术为基础

数字化技术的发展使边界组织模糊化，并推动边界组织顺利运行。以数字工具为依托，人们可以成功超越组织内部、外部界限进行交流、互动。比如，借助企业内部网，组织内部成员可共享信息，组织可实时与供应商交流互动，组织能在全球范围内开展经营活动；借助电子数据交换技术，企业可与用户实时交流互动。

2.3.3 / 无边界管理的动因与条件

依据传统的企业管理理念，企业的组织结构是自上而下的、层级式的金字塔结构。在这种组织中，层级明确、划分清晰、员工各司其职。从理论上看，这种传统的组织结构能够保证企业有条不紊地正常运转，但在实际的运行过程中，却具有诸多弊端，比如随着企业的发展，组织结构通常也会越来越庞大，运行效率和应变速度会不断下降，员工的工作积极性也会严重受限。

为了适应信息技术快速发展的需要、应对经济全球化带来的挑战，企业的管理模式也应该适时做出改变。不同于依据层次管理和职权划分而来的组织结构，新的组织结构应该具有更强的灵活性和可变性，能够更好地适应市场环境的变化。

（1）实施无边界管理的动因分析

由于组织结构的改革不是一蹴而就的，需要一个较长的周期。而且，组织结构的改革必然需要耗费时间、精力和资源等，因此企业实施无边界管理通常具有一定的动因，如图2-11所示。

图 2-11　企业实施无边界管理的主要动因

① 环境

企业作为市场的主体，其发展要受到各种外部环境因素的影响。由于外部环境是不断变化的，而企业无法控制外部环境。因此，企业必须不断进化，以具有更强的环境适应能力。经济全球化的不断发展和市场竞争的日益激烈，对企业的管理者和成员提出了更高的要求。与传统的组织结构相比，无边界组织更有利于激发员工的积极性、主动性和创新性。

② 战略

企业的发展通常基于追求卓越的发展战略。无边界组织所倡导的是一种扁平化的组织结构，与层级式结构相比，这种组织结构的响应速度更快、运行效率更高，更有利于实现企业的战略目标。

③ 规模

在传统的企业管理模式中，企业越成熟、组织规模越大，组织结构也就愈加复杂、层次也就愈来愈多。这样势必造成结构臃肿和效率低下。相比而言，扁平化的无边界组织能够始终保持较高的灵活性，可以更好地适应企业成长的需要。

④ 技术

伴随移动互联网的发展，新兴技术如雨后春笋般层出不穷，能够为企业的管理带来极强的助力。比如，信息技术的应用，能够极大提升管理幅度、为企业降低人工成本，为扁平化无边界组织的建立奠定良好的基础，与此同时，扁平化的无边界组织也能够在一定程度上保证管理的信息化发展。

⑤ 人员

由于企业是由成员组成的，因此由传统组织结构到无边界组织的改革应该具有人员基础。也就是说，企业的管理者应是锐意进取且具有较高的管理才能的，只有这样才能够保证扁平化无边界组织的顺利运行。而且，企业的成员还需要具有较强的信息交流能力和沟通协作能力，保证信息的高效传递和相互间的沟通协作。

基于以上的动因，企业便可能实施无边界管理。但需要注意的是，虽然与传统的管理模式相比，无边界组织的成员并不是等级分明的，但决策归属、授权范围、报酬激励等仍需要明确，只有这样才能更好地发挥成员的主观能动性。

（2）无边界管理实施的条件

实际上，无边界组织并不能简单地从字面意义上理解为组织没有边界。无边界组织是相对于层级制组织而言的，如同生物有机体需要隔膜一样，无边界组织中仍然需要基本的层级结构。而且企业处于不断发展的过程中，任何管理者都难以管理企业所有相关活动，因此必然需要对组织内的活动进行划分。从另一个角度来看，无边界指的是企业内的运作可以突破边界的组织，具有更强的灵活性和适应性。

无边界管理的实施需要满足以下基本条件，如图2-12所示。

图2-12 企业实施无边界管理的基本条件

① 扁平的层级管理体系

组织运行的特点要求其必须以层级管理体系为基础。只有具有基本的层级管理体系，组织运行所需的信息和资源才能够在组织中流通，企业的各项活动也能够得以展开。而外部环境的变化和企业成长的需要，又要求企业的管理体系应该趋向于扁平化，因此，无边界管理所应采用的是扁平的层级管理体系。同时，无边界管理恰恰需要熟悉层级管理的人进行把控，这是因为只有熟悉层级管理，才能更好地打破边界。

② 合理的激励制度

管理的本质在于激发个人的潜力。也就是说，管理者应该通过适当的策略激发每个成员的潜力，进而在此基础上实现企业的战略目标。而要激发个人的潜力，必然需要合理的激励制度，尽可能激励所有对企业发展作出贡献的成员，激发他们的创造性、创新性和工作热情。

③ 独特的企业文化

企业的管理，既需要层级管理体系、激励制度这种显性的管理，也需要隐性的管理。企业文化实际上就是一种隐性的管理，独特的企业文化有助于激发员工的成长意愿，并接受无边界管理，真正实现自我管理，与企业一同成长。

2.3.4 / 通用电气：无边界组织的实践启示

美国通用电气公司是世界著名的提供技术和服务业务的跨国公司，但其发展过程并非一帆风顺。在原CEO杰克·韦尔奇看来，通用电气公司的领导队伍过于冗杂，各种部门、层级之间互相推诿、尾大不掉，严重影响了企业的发展。因为官僚作风过于严重，组织对外界环境的变化并不敏感。所以，他上任之后就一直着力解决该问题，试图打破这种官僚机制，构建一个真正的无边界组织。

杰克·韦尔奇对于GE组织结构的改革主要表现在以下几点：

- 打通各部门之间的界限，促进各部门的交流，实现各部门的合作，保证工作内容的公开；
- 将上游厂商和客户纳入考虑范围，重新打造企业的业务流程，让企业在更可控的环境中运营；
- 将团队置于个人之前，执行"work-out"计划，全面提倡群策群力等。

正是因为敢于打破组织边界，不断为创造无边界组织而努力，无边界理念才得以融入企业运营的方方面面，才为GE的成长神话奠定了扎实的基础。

（1）打破垂直有形边界

GE采用倾力解决例会的方式打破组织内的垂直有形边界。倾力解决例会是指底层员工有机会发表自身看法、为企业的发展建言献策的会议，可以排查企业正常发展过程中存在的隐患。通常，例会的主持人会在例会前选择参加例会的组织成员，然后发出邀请，告知例会需要解决的问题或围绕什么主题展开；组织者应该向这些员工发出书面材料，说明例会举行的时间和地点。

倾力解决例会的参与者涵盖了企业各个阶层的员工，包括高级管理者、中级管理者、初级管理者、普通员工等。对于这些员工在例会上提出的意见与建议，通常会采用以下三种方式予以答复：

- 第一，当场同意；
- 第二，当场拒绝，并且说明理由；
- 第三，要求获取更多信息，即推迟决定。

如果是第三种答复形式，那么管理人员要给提出建议的员工一个明确的截止日期，并如期给出答复。

在实施倾力解决例会的过程中必须注意两点：第一，员工与管理者必须面对面交流；第二，管理者要尽量当场做出答复。通过倾力解决例会，员工与管理者之间的界限被消除，企业中的垂直有形边界被打破。

(2) 打破水平有形边界

为打破水平有形边界，GE致力于推进各事业部合作。GE的事业部仔细分析了各部门的各种问题，发现部门之间之所以存在隔阂，并不是因为资源、人才难以流通，而是因为工艺、技术、管理手段、评估方式、所处环境、生产模式等方面存在不同。为打破这种水平有形边界，GE付出了许多努力，取得了极好的效果，使得企业运营成本大幅下降。

为打破这些部门的边界，GE做出了很多努力，如汽轮机和飞机发动机的生产部门使用同一套生产技术；又比如照明灯具生产部门和医疗器具生产部门合作研究X线管技术；再比如医用系统部门与飞机发动机部门和工业系统部门使用同一种产品生产监测技术。

(3) 打破外部有形边界

打破外部有形边界，有助于对企业与供应商及其他主体的合作关系进行重新定义，让组织可以更好地适应外部环境变化、提升决策效率。为打破外部有形边界，GE做了很多努力：

- 首先，GE认识到用户对于企业生存发展的重要性，吸引用户进入企业，让其参与产品设计与研发，比如吸引工程师职业背景的用户参与喷气式发动机、汽轮机的设计，或者邀请医生职业背景的用户参与超声系统研发等。
- 其次，GE各个事业部对供应商都非常依赖，为了打破与供应商之间的边界，GE不只从供应商处采购零部件，还邀请供应商参与产品设计与生产，同时，GE也会参与供应商产品的设计与生产。
- 最后，为了打破外部边界，GE鼓励自己的员工与竞争企业的员工交流，甚至会向竞争企业学习，比如，GE向克莱斯勒和佳能公司学习新产品介绍技术，向IBM学习全球化战略等。

毫无疑问，GE的组织结构非常庞大，而市场对组织结构的要求是简洁。为此，GE开始进行组织变革，并提出了"21世纪的企业特色就是不分界线"的变革理念。通过无边界组织实践，GE有效解决了规模与效率之间的矛盾，在保持企业能量的同时提升了企业运作效率，让企业能够更灵活、更快速地适应市场环境和用户需求的变化。正是因为打破了组织边界，GE才实现了持续变革，始终保持活力，成为全球企业争相效仿的典范。

2.4 管理法则：如何打造无边界组织

2.4.1 法则1：构建扁平化组织结构

组织可以借助信息技术取得竞争优势，有效增强竞争力。从经济学的角度来说，信息技术也是生产要素之一，甚至可以替代资本、劳动力等生产要素的地位。随着信息技术不断取得突破性进展，逐渐应用到越来越多的领域中，企业也可以谋求信息技术应用范围的扩大，使其尽可能地取代劳动力等生产要素，减少企业正常运营所需的成本。此外，信息技术的进一步使用还能提高信息的沟通效率，可以实现对员工行为的全方位监控，规范员工的行为，消除员工与企业之间的信息不对称，大幅提高企业的运行效率。而企业间的信息交流也会随着信息技术的发展而更加便利，届时，一种柔性的无边界组织将会在各个行业中普及。

现代企业将在应用信息技术的基础上开展组织结构创新，推动组织结构实现数字化变革。例如，在传统的金字塔形结构中，企业内部的等级制度会形成组织结构上的垂直边界，由职能的不同，组织又可在横向上分为不同的部门，各部门的职位、职能也会有清晰的界定。从本质上来看，无边界组织就是让组织扁平化，打破原有的机构设定，使得权力下放，让对结果负有直接责任的人做决策。在这种组织结构下，能力比职位更重要。无边界组织模糊了层级、部门等的界限，让各层级与机构更好地合作，让信息更加透明，更充分地发掘员工的潜能。

（1）权力分散

在传统的金字塔形结构中，决策来自最高层。在组织的运转过程，最高层决策，中层推动，下层落实。在相对静态的环境中，这种程序能够比较平稳地推动高层决策的落实。可一旦进入变化的实际市场环境中，冗长的程序就会导致互相推诿，过多的层级会延长决策执行的时间，降低组织运转的速度，组织便无法在最短的时间内做出有效应对，进而丧失竞争力。而无边界组织将决策权下放，中层管理者、基层员工都掌握了一定的决策权，面对实时变化的环境，对事件负有直接责任的成员可自主决策，缩短决策到执行这个过程消耗的时间，有效提升员工的参与度及决策的准确度。

（2）信息共享

在高度集中的决策模式下，信息只掌握在为数不多的高层管理者手中；在分散化的决策模式下，每位成员都要掌握充足的信息进行决策。为此，在无边界组织中，从高层管理者到普通员工都要尽可能对信息进行共享，以保证员工所做决策与企业发展目标相一致。具体来看，组织内部的信息共享可借助企业内部网、ERP、信息管理系统、数据交换系统等工具实现。

（3）培养员工的领导能力

在高度集中的决策模式下，高层管理者具备决策能力，普通员工只需具备相应的业务能力，能将高层管理者的决策执行、落实即可。而在分散化的决策模式下，各级成员都必须具备一定的决策能力、领导能力。也就是说，无边界组织鼓励每一位成员打破等级制度或职位约束，重视培养员工的战略管理能力和决策能力。

（4）建立新的薪酬体系

在旧有的组织结构中，各岗位的薪资是由职位的高低决定的，如此一来，员工会形成一种工作就是为了升职的观念，影响员工的工作热情。而无边界组织结构的薪酬体系是根据员工表现确定的，员工无论身居何职只要表现突出就能获得较高的回报。如此一来，员工就能在工作中释放更多潜能，组织等级被彻底颠覆。

2.4.2 / 法则2：突破组织边界的壁垒

在旧有的组织结构中，各机构互不统属，也就不了解彼此的工作职能，这样容易造成工作过程中的冲突，积累工作矛盾，影响组织工作的正常进行。在无边界组织中，各职能部门间的界限被打破，生产部门、计划部门、销售部门相互连接形成了一个完整的系统。无边界组织的构建要遵循以下几项基本原则，如图2-13所示。

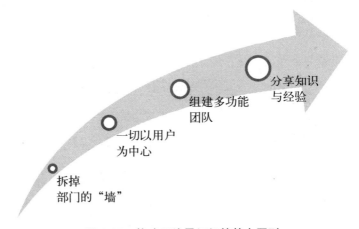

图2-13　构建无边界组织的基本原则

（1）拆掉部门的"墙"

要构建无边界组织，首先要打破组织边界。具体可以通过以下方法实现。

① 打破职能障碍

传统边界分明的组织结构往往依据职能进行部门划分，要打破组织边界，就可以从打破职能障碍入手。比如，通过制定跨部门的流程、创建跨部门的团队等增进成员间的沟通。

② 创造文化氛围

在无边界组织结构中，成员间应该具有一股凝聚力和向心力，向着共同的目标努力。因此，可以打造特有的企业文化氛围，比如通过举办企业团建活动等促进成员间的互动，并一步步打造合作共赢的企业文化氛围。

③ 建立知识管理系统

企业的发展应该是由知识和技术驱动的，无边界的企业组织也需要满足信息传递的需求。因此，可以通过建立知识管理系统等，提高企业员工的文化素养。

（2）一切以用户为中心

无边界组织要求各职能部门站在用户角度对其需求进行充分了解，最大限度地满足用户需求。各职能部门的一切活动都要围绕这个目标展开，尽可能规避与该目标的实现无关的行为与活动。同时，无边界组织还要求成员对用户需求有充分了解，与用户建立友好关系，增进与用户的交流、互动，根据用户需求开展活动。无论何时何地，企业各部门员工都要基于同样的用户信息、用同样的方式面对用户，增强用户对企业的好感与信任。

（3）组建多功能团队

这种多功能团队根据特定的发展目标将多个职能部门聚合在了一起，其可划分为一个个小型、独立的单位，秉持扩展新区域、开发新业务的目的，整合企业现有的资源，进行更合理的利用，以提升多功能团队的学习与应变能力，最终提升企业的市场竞争力。

（4）分享知识与经验

在组织为消费者带来产品和服务的过程中，员工会得到很多工作感悟与市场信息，这些都可以算作是工作经验。在这个基础上，组织可以建立合理有效的经验共享制度，让成员可以根据需要共享知识、经验，实现自我成长与共同提升。

2.4.3 / 法则3：集群化与虚拟化经营

无边界组织打破了内外部的界限，使企业转变为一个可以创造价值的系统，这不仅能够为用户提供更加优质的产品，而且更能体现企业的社会价值。

（1）供应链管理

供应链管理的主体是企业管理人员，客体是物流、信息流、价值流、资金流、业务流等供应链中的各个环节，内容是管理人员通过计划、组织、协调、控制、激励等手段对这些环节进行有效调控，在尽量满足用户需求的前提下最大限度地缩小成本。无边界组织能够串联起供应端、生产端、加盟商、经销商等环节，增进了各主体间的关系，有助于加快信息流通。

（2）战略联盟管理

战略联盟管理指的是企业通过与实力相当的企业签订协议形成一个松散型的组织，企业之间优势互补，共同承担经营风险，使得资源、信息等要素实现双向或者多向流动，以达成共享市场与资源的战略目标。通过建立战略联盟，企业之间的联系将变得更加紧密。具体来看，战略联盟的建立可采用多种形式，比如供应协定、合资企业、营销协定、技术许可等。

（3）虚拟化经营

培育核心功能是企业进行虚拟化经营的关键所在，具体表现为利用核心功能优化生产，提高产品的附加值，在抓住自身竞争优势的同时，提高产品质量，降低成本，缩短生产周期，并使这些方面的因素达到动态平衡。在虚拟化经营的环境中，组织之间、企业之间会失去清晰的边界，因此可以更轻松地实现虚拟的生产与销售，将部分业务外包。企业能够更好地扮演产业链中的某个特定的角色，提升自身经营的专门化程度。

（4）网络化经营

网络化经营的前提是各个主体、各个环节通过长期的互惠互利的合作，形成认同，利益也趋同，由此形成组织化的交易关系，进而组建经营网络。网络化经营同样可以模糊组织的界限，将组织的边界拓展到其他企业、其他环节中，形成新的组织神经末梢。在实际生产过程中，网络化经营可以表现为许多形式，如网络社区、产业集群、企业组网、电子商务等。

企业在运营过程中产生的新理念、新模式、新方法会因地理边界、文化差异等无法在全球范围内传播。而无边界组织的各种资源、信息要素都能够无限制地自由流动，无须考虑各企业之间地理、国别的差异，不同企业或企业位于不同国家的部门可以学习某一企业或部门的先进想法。

（1）制定全球化战略和本土化策略

在无边界组织视角下，整个地球就是一个庞大的市场，需以全球市场为尺度制定全球化战略，并将全球的目标受众纳入其中。但是，每个国家的政治、经济、文化等基本国情又都各不相同，如果不能针对实际情况进行具体分析，可能无法顺利打开目标市场，因此必须推行本土化策略，迎合目标地区的文化背景和消费习惯。以麦当劳为例，麦当劳的薯条、汉堡在世界各地都一样，但它又根据各个地区人们的饮食习惯研制特色的本土化食品。

（2）建立全球化组织

全球化战略的推行离不开全球化组织，其形式主要有以下几类：第一类是诸如宝洁、通用电气等国际公司，其分公司难以提供和母公司价值相等的产品或服务，通常会将母公司的资源在全球范围内进行转移以满足各个分市场的需求；第二类是像联合利华这样的跨国公司，产品受当地习俗影响较大，因此通常将业务分散在每个国家，积极融入当地市场；第三类是像可口可乐、爱立信等全球公司，产品的同质化水平较高，在这些公司眼中，全球各个国家共同组成一个巨大的市场，母公司整合全球各个分公司与分市场的资源，整齐划一地面对全球市场环境。

（3）在全球雇佣高级管理人员

为了全球化战略的具体落实，各跨国企业需要将选拔人才的范围扩大到全球，全面筛选具有潜力的优质人才。这些潜在员工在各方面都拥有更高的素质，管理水平往往更高，同时，其语言天赋更高，跨文化沟通的能力也更强。选拔这些人才，并加以充分利用，能够帮助企业突破国别限制，运用全球化的眼光看待全球市场，合理规划企业的发展战略，正确认识组织结构，弱化地理边界，提高全球化经营水平。

（4）克服跨国文化差异

各国家与民族因为历史沿袭产生不同的风俗习惯，使得不同国家和地区消费者的消费喜好和消费习惯都不同，如果跨国公司在经营中忽视这一情况就会产生负面效果，造成战略上的失败。而无边界组织内，员工本就长期置身于该文化环境中，或本来就是该文化的一员，更容易建立起对目标民族的文化认同，也就更能理解消费者的行为模式，更能取得良好的成效。然后，在已取得成效的基础上，企业加快组织间信息、理念的流通，就能利用先进的经验为其他组织创造市场优势。

2.4.4 / 法则4：创建学习型组织模式

数字化时代来临，市场环境日新月异，这对企业的要求是组织与员工必须精进学习能力，只有从外部环境中学习技能的速度超过环境变化的速度，才有可能不被巨变的环境所淘汰。学习型组织侧重于营造整个组织的学习氛围，让组织内成员不再拘泥于眼前的工作目标，而是于工作过程中学习，并将这种学习习惯延展至整个职业生涯。组织鼓励员工向其他成员传授自己的学习成果与工作经验，还要学习其他人的经验，在学习的基础上思考，进一步完善知识体系，从根本上改变行为方式，并反馈给组织，促进工作方式的变革，最终为整个企业带来新的动力。

（1）培养共同语言

共同语言代表着整个企业价值标准大致相同。在企业内部，共同语言的形成过程大概可以总结为两种。第一种是由小到大，具体是在组织运转的过程中，组织内的部分成员所使用的约定俗成的特殊语言，逐渐共化为整个组织的共同语言，这个方式的前提是这部分成员的价值观与组织的价值观是一致的，其语言才能供其他成员学习；第二种是由上到下，各组织经过自身的工作实践都形成了一套专门的工作语言，企业选择其中有推广意义的范例在企业内推行，进而共化为整个企业的共同语言。

（2）开展团队学习

团队学习是团队成员之间进行对话并互相学习的过程，在这一过程中孕育集体的智慧，从无到有产生团队意识，统一团队成员的行动，从而更好地实现组织的功能，提高工作效率。首先，团队学习可以将成员的共同目标量化为团队下一阶段的工作清单，由此还能敦促组织内部分成员以实现团队利益为首要目标，培养总体先于部分的概念；其次，组织的最终目标不可能仅凭一个人实现，任何一项决策都需要团队执行，团队学习可促使团队更好地执行组织决策，完成组织目标；最后，团队学习有利于组织形成共同语言。

（3）实现自我超越

组织的共同愿景需要每一位团队成员努力，只有每个个体都实现了自我超越，组织才能完成飞跃。对于个人来说，实现自我超越是需要一个过程的，首先要确定合适的目标，然后将自我超越的压力转化为实现目标的动力，不断学习好的做法，理解新的事物，发现之前的目标、愿景中的不足，采取实际行动超越自我。

（4）训练系统思考

组织中的每位成员都有既有的心智模式，倾向于专注自己负责的事项，这些事项通常仅是整个系统中的一个环节。组织要想让员工形成共同愿景，就必须用系统思维进行思考，从总体角度对人、事物、信息进行系统处理，让组织成员形成共同愿景。

第 3 章

管理模式的创新与重塑

3.1 战略创新：打造企业动态核心能力

3.1.1 / 基于价值创造的战略创新

近年来，互联网、物联网、云计算、大数据等先进技术手段的应用，催生了许多新兴产业形态，并促使许多传统行业与产业改革其原有的商业模式，对现有方向进行调整。数字化时代到来后，企业更应该及时了解数字化技术对企业发展的影响，调整现有的管理模式、管理理念，优化组织架构。

（1）管理创新：企业可持续发展的关键

企业管理即针对企业的生产经营制订相应的计划，组织开展活动，实施控制和领导，在了解企业内部及市场环境的基础上发挥优势资源的作用，以求获取经济效益和社会效益。

> 1912年，美国经济学家约瑟夫·熊彼特（Joseph Schumpeter）在《经济发展理论》一书中首次提出了创新的概念，根据他的观点，"创新就是建立一种新的生产函数，"即在生产体系中对生产要素和生产条件进行重新搭配组合，具体如引进新技术、新产品，开辟新市场、新供应来源等。在企业管理科学中，管理创新占据核心地位，通过实施创新，管理者能够发挥创造性思维，向市场推出全新的产品、服务，从整体上提高企业的管理能力，扩大其效益和规模。
>
> 美国著名管理专家吉姆·柯林斯（Jim Collins）在其著作《基业长期》中总结出了高瞻远瞩的公司具备的8大共性，"在外部世界发出要求之前，就刺激变革和改善"是其中的重点。

面对新的时代背景和激烈的市场竞争，企业想要获得持续性的发展，就要抓住科技革命带来的机遇，根据市场提出的新需求，抓紧时间进行战略调整并实施改革创新，在后续发展过程中持续探索和优化，寻找符合自身特点的管理模式。由此可见，身处数字化时代下的企业要注重管理创新，原因有三点：

- 只有进行管理创新，企业才能维持自身的运营及发展，并不断提高自身的统筹管理能力；
- 只有进行管理创新，企业才能构筑自身的优势壁垒，打造核心竞争力；
- 企业要跟上时代发展的步伐，对原有战略目标进行调整，需要通过管理创新提高自身发展的持续性，降低企业在发展过程中承担的风险。

（2）战略创新：重塑企业核心竞争优势

随着所处的宏观环境与微观环境不断改变，企业对战略调整与创新的重要性有了更深刻的认知。当然，并非企业调整战略、对战略进行创新就一定能在市场竞争中取胜。企业要想克服各种困难开展成功的战略创新就必须具备一些能力，这些能力可称为战略创新能力。

企业进行战略创新是为了通过价值创造形成持续竞争力。关于这一点，全球著名的战略管理专家杰恩·巴尼（Jay B. Barney）认为，当企业实施了一种独一无二的价值创造战略，且这种战略利益无法被其他企业复制时，企业就获取了持续竞争力。换句话说，现代企业通过培育核心能力，尤其是动态核心能力，获得市场竞争的优势。要提高企业价值，就要提高企业的战略创新能力，更新企业的宏观战略。对于企业的战略创新能力来说，动态核心能力必须达标，才能为战略创新打好基础。动态核心能力由创新能力孵化，由核心能力升华而来。

从本质上看，企业战略创新能力指的就是可以及时发现战略中的错误并在顶层视角对企业内部、外部的资源进行整合，从而改变企业战略、重新构建市场边界的能力。

同时，企业战略创新能力的强弱也深受其学习的适应性、连续性、延展性的影响。由此可以看出，企业战略创新能力需要有生产运营过程中产生的知识经验作为铺垫，在此基础上，通过有组织的学习理解才能形成，战略创新能力的存在可以持续为企业赋能，创造更多价值。在这个过程中，企业也能够理清自身的发展脉络，制订新的计划，实施新的策略，对企业内部资源、外部资源进行整合以提升企业资源利用率，丰富企业现有资源，创造新的资源，帮助企业获得由战略创新要素组成的复杂能力系统，构建持续竞争力。

3.1.2 / 组织战略创新能力的特征

企业的整体发展战略实质上是企业基于内外部的环境以及所拥有的资源确定的经营目标，并在发展的过程中构建核心竞争力。而创新战略则是指企业基于内外部的环境以及所拥有的资源确定是否需要在产品、技术、管理等层面进行创新以及怎样进行创新。从图3-1中可以看出，企业的创新战略与发展战略绝不是彼此割裂的，而具有比较密切的联系。一方面，创新战略与发展战略应该是一脉相承的，均是基于同样的环境分析和资源优势；另一方面，创新战略需要为发展战略服务，创新战略的实施最终仍是为了实现发展战略。在企业的具体运营过程中，有的企业的创新战略是单独制定的，有的企业则将创新战略作为发展战略的一部分。

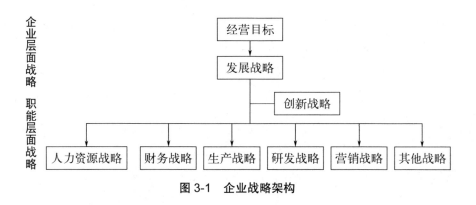

图3-1　企业战略架构

从上述企业战略的分析中可以看出，企业战略对于企业的发展具有重要价值，在企业数字化转型的过程中，所有策略与计划的实施均需要依据相关的顶层设计和战略规划。同样，数字化管理创新也需要以战略创新为纲领，只有这样才能保证管理创新的有效性和持续性。而战略创新能力具体来说是一个能力系统，决定因素比较复杂，对企业的综合性要求比较高，不仅涉及企业对人员、技术、内外部资源的整合能力，还取决于企业能否将这些因素经整合后置于动态平衡状态中。

图 3-2　企业战略创新能力的主要特征

对于战略创新能力系统来说，企业具体的创新能力是由企业的各方面能力综合决定的，且并不是将这些能力进行简单相加，而是以特殊的方式实现耦合后，各自发挥职能，影响着企业的创新能力。根据系统理论、协同理论、复杂理论的相关知识，企业战略创新能力的主要特征如图3-2所示。

（1）战略聚合性

企业战略创新能力能够帮助企业实现创新战略，筛选各种能力要素，分类整合后凝聚成企业的创新竞争力。战略创新能力的聚合不是只挖掘企业的优势战略要素并进行利用，也不是各项战略要素的简单相加，而是实现各个部门、层级之间的协同合作，实现 n 个1相加大于 n 的效果。

根据企业创新战略的不同，各战略要素之间会有轻重缓急的区别，协同的方法要求也会有差异，因此战略创新能力系统的效率也不相同。企业要以部分优势要素为基础制定贴近实际环境的企业创新战略。战略创新能力系统的建设涉及各个领域，是一个复杂的过程，要对企业的综合能力有清晰的认知，选中合适的能力要素并进行专门培育。培育的过程离不开组织架构基础，也离不开企业的调动。最终目标是以创新能力为驱动，增强企业的市场竞争力，提升市场份额。

（2）簇群生态性

企业战略创新能力是一个簇群式、复杂且开放的生态系统。从这个角度，依然可以将企业看作有机生命体，企业的正常运行需要与外界进行物质交换，如果企业故步自封，不接受外界的信息、物质，不与外界产生交互，就会持续危害自身的组织架构，削弱利用资源的能力，无法融入市场环境，失去市场竞争力。企业战略创新能力是开放性的，因此，企业需与时俱进，积极判断客观形势，结合市场环境合理利用资源，同时不断整改企业内部的组织方式，培育能力要素，制定合理的创新战略。

拥有创新能力并不意味着企业就可以完成战略创新，自主创新能力是企业完成战略创新的基础，在此基础上，企业需要与生产端、供应商、高校、研究机构甚至竞争对手建立联系，形成一个簇群式的生产、销售的整体，同时确保员工完全参与到战略创新中来。另外，在簇群生态系统中，企业很容易取得所需的人员、设备、资金与技术，也能更轻松地让战略要素流动起来，在生产的各个阶段互通有无，将竞争企业转化为合作伙伴，不断提高系统的凝聚力。在弥补企业自身不足的同时，还能完善整个战略创新生态系统，让系统的各个环节都拥有足够的灵敏度与调节能力，提高系统独特的竞争力。

（3）系统衍生性

企业战略创新能力并非固定不变，而是会不断演化发展的。系统的衍生性是建立在战略聚合性与簇群生态性的基础上的，企业培育战略创新能力要经过一定的过程，因此战略创新能力系统的构建是动态的，涉及识别能力、培育能力、提高能力、保持能力等多个进程。随着时间的改变，企业所处的创新背景与企业面临的市场竞争形势都会发生比较大的变化，这会导致原本的创新能力体系不再有效。所以，企业的战略创新能力要吸收旧有体系的闪光点，结合现有体系，预测未来体系的方向，在已有基础上继续培育企业的战略创新能力。

系统衍生性的基本逻辑是：先了解企业所处的内外环境，然后培育创新要素，再提高战略创新能力，并在某些方面取得竞争优势，最后不断重复这个过程，完成衍生循环。

3.1.3 / 企业战略创新能力的差异

"核心能力"这一概念在1990年由普拉哈拉德（Prahalad）和加里哈默尔（Gary Hamel）提出于《哈佛商业评论》，核心能力是对各种技术与能力进行整合，强化组织的协同合作。两位学者强调企业要借助核心能力取得先机，核心能力是组织对资源、技能的整合能力，是一种积累性学识，包括技术、工艺、协同、营销等方面的知识，能够有效解决生产工艺与新技术的兼容问题。企业在培育核心能力的过程中，会逐渐形成各种惯例、过于看重实现目标，这会导致核心能力被固定，成为核心刚性。面对这种情况，1944年，美国经济学家大卫·提斯（David J. Teece）提出"动态核心理论"，强调企业要不断调整自身的各种能力以适应不断变化的外部环境，要及时选择不同的能力要素进行培养，避免核心能力固化，从而赋予企业持续的竞争力。动态核心理论是动态环境下对核心能力观的补充，动态能力是高于一般能力之上的能力。

目前，市场变化速度越来越快，企业竞争愈发激烈，在这种环境下，企业仅凭动态核心能力已很难获取竞争优势，必须有意识地进行战略创新，开展战略创新活动，实现稳定可持续发展。那么，就企业的战略创新能力来看，其差异主要来源于以下三方面，如图3-3所示。

图3-3　企业战略创新能力的差异来源

（1）竞争环境

如果在一个相对稳定、可预测的市场环境中，企业对资源、知识、技能等进行整合的能力就是企业独一无二的竞争优势。一言以蔽之，核心能力能够在静态环境下帮助企业取得竞争优势。但实际上市场环境是不断变化且难以预测的，因此需要动态核心能力在持续的变化中帮助企业获得实时的竞争优势。总的来说，动态核心能力比核心能力具有更高的价值，且更加珍稀，难以复刻。

如今，企业所处的竞争环境每分每秒都在变化，包括许多不确定因素，竞争范围不断扩大，竞争过程起起伏伏，难以为人所预测，在这样的环境中，企业需要重视竞争强度对战略创新能力的影响，战略创新能力需具备网络性。在超强竞争环境中，企业必须利用各种资源搭建起能力结构网络，充分调动各种有利因素突破竞争环境的限制，进入更高层次的市场环境中，组建竞争力网络，获得持续的市场竞争力。

（2）研究对象

核心能力研究的是如何协调一种或几种资源与能力要素，使其具备综合的实用价值，强调部门之间共享可调动的资源或共用已拥有的能力，不断强化核心能力，从而维持整体的价值与效率。而动态核心能力研究的是如何整合不同类型的资源，并与外界互动，各要素之间相互作用又相互限制，在外部环境的推动下不断演化，不断为企业的战略创新能力带来新的改变，使能力系统一直处于动态平衡中。

虽然战略创新能力的培育最终会建立系统的动态平衡结构，但战略创新能力与动态核心能力存在本质上的差异，具体来说，战略创新能力表现为动态核心能力的升华。在战略创新能力系统中，企业的战略资源与自我创新能力实现了簇群式的融合。

（3）竞争优势来源

核心能力及其相关理论强调，随着一体化战略的纵深发展，企业可以获得市场上独特的资源，从而拥有差异化的竞争能力，并凭借这一优势要素盈利。因此，核心能力赋予企业竞争优势，这些独特的能力表现为企业在技术、知识、工艺、管理等方面的区分度。

而动态核心能力理论又强调，企业需要用崭新的形式整合资源与能力，形成一个动态系统。具体是通过与其他企业的合作不断优化企业的知识结构与管理模式，从而搭建起动态系统。而由战略创新能力理论还可知，企业要做的不仅仅是适应不断变化的外界环境，还要了解并充分利用环境条件，取得知识、资源、能力等方面更明显的效益，实现市场垄断。由此可见，企业是通过构建战略创新能力系统获取持续的市场竞争力的。

3.1.4 / 企业制定创新战略的路径与方法

创新管理战略与企业经营管理密切相关，企业的创新管理部门应与其他部门和单位共同组成创新战略项目组，并发挥引领作用，积极带领组内成员共同推进创新战略的制定，除此之外，企业也可以将创新战略的制定工作委托给其他的综合型咨询公司。

企业在制定创新战略时通常需要用到SWOT分析❶和PEST分析❷等战略规划工具。具体来说，企业要在已有发展战略的基础上进一步发挥各项战略规划工具的作用，深入研究发展战略在创新方面的要求，明确标杆企业以及自身当前在相关领域的创新发展情况，找出自身的优势和不足，并据此对思路和目标进行创新。企业制定创新战略的方法如图3-4所示。

---

❶ SWOT分析是一种战略规划工具，用于评估一个组织或项目的优势（Strengths）、劣势（Weaknesses）、机会（Opportunities）和威胁（Threats）。

❷ PEST分析是一种分析宏观环境因素的工具，它包括政治（Political）、经济（Economic）、社会（Social）和技术（Technological）四个方面。这种分析方法帮助企业和组织识别和评估外部环境对他们的影响，从而制订更有效的战略规划。

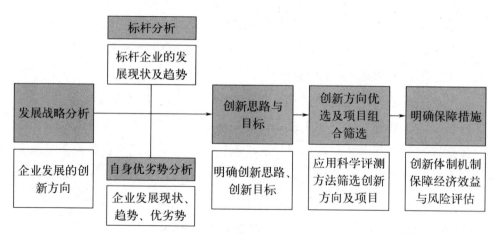

图 3-4　企业制定创新战略的方法

创新方向优选及项目组合筛选是企业在制定创新战略时的重要环节。具体来说，企业制定创新战略的路径可分为4步，如图3-5所示。

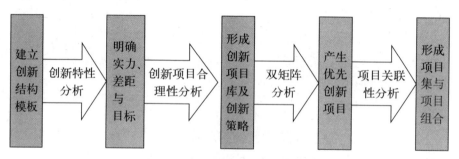

图 3-5　企业制定创新战略的路径

（1）创新特性分析

创新特性分析是企业进行创新战略规划编制过程中必不可少的一项流程，企业可以先建立创新结构模板，清晰归纳管理、技术、工艺和产品等各项内容的可创新方向，并利用德尔菲法对这些创新方向的特性进行分析和评估。

一般来说，企业大多从以下3个维度展开创新特性分析工作：

- 创新方向的竞争性。企业需要对当前的创新方向在各项核心优势中的重要性进行分析，衡量其处于哪一等级（如必须掌握、企业独有或其他企业较少使用、正在探索且具有潜在价值）以及与企业在哪一时期（过去、当下、未来）的竞争优势来源相对应。
- 创新方向对发展战略的影响。企业需要对当前的创新方向在发展战略中所发挥的作用进行分析，衡量其造成的影响处于哪一等级（如一般、重要、非常重要）。
- 创新方向目前的水平。企业需要对当前创新方向的发展现状进行分析和评估，衡量其处于哪一层次（如比较薄弱、国内一般、国内领先、国际先进、国际领先）。

（2）创新项目合理性分析

企业应综合分析创新项目的必要性、可行性、效益和风险，并根据实际分析结果决定该项目的去留。

与此同时，企业还需进一步分析创新方向的水平和竞争性，并从分析结果出发，找出适合自己的创新方向，制定符合自身实际情况的应对策略。具体来说，当企业的必备技术应用能力较差时，企业的经营可能会面临危机；当企业的主要竞争优势来源较少且大多处于一般水平时，企业则需要进一步强化自身的竞争优势。

（3）双矩阵分析

在进行双矩阵分析时，企业需要在明确创新特性的基础上，充分发挥"创新方向的竞争性——创新方向对发展战略的影响程度"和"创新方向的竞争性——创新方向的水平"的作用，并安排专家运营打分表对创新方向进行合理打分。当各方相关人员对创新方向的看法不一致时，企业还需开展专题研讨会，由企业决策层人员、相关部门领导的人员和企业内部该领域的核心骨干人员共同分析讨论出最终结果，并进一步确定各个创新项目的优先级。

（4）项目关联性分析

企业在制定创新战略时需要对各个项目之间的关系进行分析，找出其中的关联，并在此基础上建立项目集和项目组合，并加强对二者的管理，提高创新组合和创新战略在目标层面的一致性以及各个创新项目之间的协同性，进而最大限度地提升整体效益，为快速实现战略目标提供助力。具体来说，企业的创新激励制度、绩效考核制度以及职级晋升制度之间均存在关联性，同时企业也可以通过创新项目协同实现对资源、技术、平台、过程的优化和有效利用。

综上所述，企业可以通过充分落实以上各个创新战略步骤的方式来明确创新方向和创新目标，并建立重大创新项目集和项目组合，进而为战略的落地和年度创新计划的制订打下坚实的基础。

3.2 / 颠覆性创新：拓展企业的竞争维度

3.2.1 / 竞争战略：重新定义需求

行业领先企业往往更加重视商业回报，将更多的资源与精力用来开发高价值用户群体，实现利润最大化。此时，新入局的企业则可以选择未被充分开发的细分领域切入，通过提供具有新功能的产品或高价值的服务得以生存。待经过一段时间的积累与沉淀，企业已经获得一定的发展规模后，便可以向其他领域进军，并将此前的业务模式等进行复制，颠覆便可能成为一件水到渠成的事情，类似的企业创新便可以被归为颠覆式创新。

哈佛商学院教授克莱顿·克里斯坦森（Clayton M. Christensen）提出的颠覆性创新是诸多创新方式之一，除了颠覆性创新外，企业还可以开展微创新、持续性创新、杂交式创新等。颠覆式创新实际上为企业提供了一种参与竞争的全新视角，即让企业能够和竞争对手开展不同维度的市场竞争，在行业内构建良性竞争生态，共同做大市场蛋糕。

如果将颠覆性创新视作为一种思维模式，不难发现，当企业通过定义具有本质性差异的竞争维度来重构现有市场格局时，颠覆性创新也就随之而来。行业领先企业、新入局的创业企业以及跨界而来的竞争对手等，都能运用颠覆性思维，从全新的维度重塑现有行业格局，因此颠覆性创新并非创业企业的专属，只不过当市场趋于饱和时，创业企业的潜能可以得到更大程度的发挥。

重新定义需求属于企业竞争的战略层次，企业需要从自身、用户及竞争对手三种维度上进行思考与分析，找到迎合用户需求并且竞争对手没有领先优势的竞争维度，进而使自身得到进一步发展。具体而言，重新定义需求的实现思路包括两种，如图3-6所示。

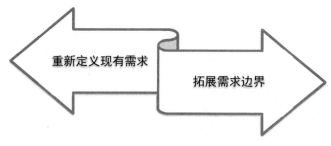

图 3-6　重新定义需求的实现思路

① 重新定义现有需求

通过对现有需求的内涵进行重新定义，使产品或服务具备更高的溢价能力。

> 以必胜客为例，百胜餐饮集团旗下的必胜客在国际市场中以专业比萨品牌被广泛认知，而必胜客进入中国市场后，被国内消费者贴上了"快餐"的标签，从而抑制了其客单价的提升，为了打破这种局面，必胜客向"欢乐餐厅"转型，通过休闲娱乐提高产品价值，使市场空间得到了极大的拓展。

② 拓展需求边界

通过拓展需求边界，为用户提供竞争对手未能提供的元素，可以实现差异化竞争。

全球最大的戏剧制作公司太阳马戏团在小丑、帐篷、杂技表演等传统马戏元素的基础上增加了音乐、舞蹈、戏剧故事线索等全新元素，与此同时，去掉了马戏明星、动物表演等传统马戏中不利于成本控制的元素，创造了一种将马戏和戏剧融合的新型现场娱乐表演形式，在全球范围内吸引了海量的忠实用户。

3.2.2 / 商业模式：重塑商业生态系统

在商业模式上，企业应多将自身置于行业生态系统中去考虑。商业生态系统往往是几个厂商或企业通过利益关系结合在一起，达成动态平衡，而商业模式在这个平衡状态中的地位至关重要，可以解决不同厂商或企业的利益纠纷，是一种交易结构。

关于商业模式，企业需要明确自身在商业生态系统中的生态位，抓住优势并查找不足，尽量提升企业整体效率，提升在商业生态系统中的位置。如此一来，企业寻找到新的生态位后，自身将置于新的利益关系中，传统的运营方式被改变，产业链结构和业务范围也得到调整，资金结构改善，商业模式也随之优化。

在商业模式层次上，企业可以在以下四种竞争维度上开展颠覆性创新，如图3-7所示。

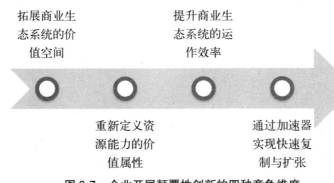

图 3-7 企业开展颠覆性创新的四种竞争维度

（1）拓展商业生态系统的价值空间

在一个完善的商业生态系统中，企业创造产能后，会由利益链条传导，及时将价值传递给下一个生态位，然后实现新的价值创造，在这个过程中，不断有新的生态位参与进来，在创造价值的同时弥补商业生态系统不合理的地方，让商业生态系统更加完善，提高价值创造的效率。我们可以从商业生态系统现有利益主体的视角上进行分析，找到合作伙伴的用户、供应商的上游供应商等，从而找到新的价值探索空间。

以美国在线人力资源管理服务商Zenefits为例，该公司可以为用户企业提供入职手续办理、工资核算、休假手续办理、福利发放等人力资源管理服务，而且这些服务是免费的，其利润来源是和保险公司合作，为企业员工提供保险服务。

当企业通过Zenefits为员工购买保险时，Zenefits将获得一定的佣金。美国对企业为员工缴纳保险的规定非常严格，而企业缴纳保险主要通过保险经纪人完成，不仅成本高昂，而且流程烦琐，Zenefits的出现很好地解决了这一问题，在帮助企业用户降低成本、简化流程的同时，也为自身带来了丰厚的利润回报。

企业还可以从商业生态系统其他利益主体的视角上，为自身寻找新的价值空间。

以滴滴出行为例，从表面上看，滴滴出行确实是为乘客及司机提供对接服务的出行服务商，但当我们从移动互联网入口视角上分析，滴滴出行在移动支付入口领域同样具有极为重要的价值，它能够培养消费者的移动支付习惯，进而为企业构建一系列的商业生态奠定坚实基础。

比如曾经轰动一时的滴滴与快的的"补贴大战"，两者之所以能迅速掀起声势浩大的"补贴大战"，并非单纯地抢夺互联网出行用户，更是在争夺移动支付用户，这显著提升了二者在资本市场的估值，它们可以选择腾讯、阿里这种财力雄厚且愿意与之建立长期合作关系的战略投资者，而不是单纯地追求投资收益的风险投资者。

无论是滴滴、快的，还是腾讯与阿里，都知道移动支付入口的巨大潜在价值，腾讯投资滴滴是为了培养微信支付用户，阿里投资快的则是为了扩大支付宝用户群，阿里和腾讯都不想在移动支付领域出局，"补贴大战"的上演就是很自然的事情，这个逻辑在饿了么和美团外卖的竞争上也同样适用。

（2）重新定义资源能力的价值属性

在商业生态系统中，不同利益主体的资源能力在价值属性方面存在一定差异，而人很容易被传统思维所限制，往往标准化、流程化地定义资源能力的价值属性，如果企业能够对利益主体资源能力的价值属性进行重新定义，便可以让企业寻找到全新的商业模式。

美国减肥食品公司Medifast在这方面的做法值得我们借鉴。Medifast并非简单地将用户定义为消费者，更将其定义为健康教练，通过引导健康教练分享减肥经验帮助其他用户健身，带动该公司的减肥食品销售，健康教练也能获得一定的分成。

和让明星为减肥食品代言相比，用户真实的减肥经历具有更强的真实性与感染力，能够刺激更多的目标用户购买，而且销售产品后，用户还可以获得一定的分成。在利益的刺激下，越来越多的用户加入进来，帮助Medifast销售产品，最终使Medifast以极低的成本构建起了庞大的销售网络。

（3）提升商业生态系统的运作效率

商业生态系统的构成要素包括多个利益主体及交易结构，不同利益主体的战略目标、发展规模、抗风险能力、利益诉求等存在一定的差异，对利益主体及交易结构的差异化设计，将会为商业生态系统运作效率提升提供更为广阔的空间。

企业可以从以下两个方面着手：第一个方面，将企业的所有业务打散，并以更适合的方式重组，将各环节的厂商置于新的生态位上，重新划定投入资源的比例；第二个方面，改变盈利模式，主要参考的是商业生态系统中各生态位的重要性和盈利目标，并了解企业业务中各环节厂商的现金流组成，保证企业业务有持续稳定的资金供给，有备无患。经济全球化背景下的市场竞争已经上升为产业链与生态系统之争，在商业生态系统中，一个利益主体的现金流出现问题，会影响整个系统。

戴尔电脑的成功并非仅在技术层面取得突破，更凭借领先的商业模式在竞争中突出重围。20世纪90年代，电脑组装的各环节已经像流水线一般成熟，而戴尔运用直销商业模式，让用户通过电话或官网订购，然后戴尔快速对相关配件进行组装并为用户送货上门。先下单再生产的模式，使戴尔无须承担库存积压风险，而且有充足的现金流。

电脑产业的技术更新迭代速度领先于很多产业，企业很难持续保持技术领先，而戴尔通过创新商业模式，引入直销模式有效解决了库存积压问题，确保了现金流的稳定运转，并使得零配件供应商、物流公司等生态系统中的其他利益主体也因此受益。

（4）通过加速器实现快速复制与扩张

通过使用加速器，将企业进行商业活动过程中因利益冲突产生的障碍消除，使系统得以更顺畅地运行，这不仅有利于企业自身，还能带动友商的长足发展。

金融工具是多数企业经常会用到的加速器之一，加速器的使用能够让员工更了解企业各部门能够调动的资源的种类和规模，也能让资源得到更好的利用，从而改善资源的分配情况，降低突发事件的发生风险。

金融工具的应用可以优化商业生态系统，解放企业的固定资产，比如通过信贷、信托、租赁等多种担保抵押方式进行融资。通过VC（创业投资）、PE（私募股权投资）、证券市场公开融资等方式，也可以利用未来资源的投资价值完成融资。此外，通过设计分散、转移、补偿、锁定、防控等面向不同利益主体的交易结构，可以迎合资本方差异化的投资风险偏好，强化商业生态系统的风险控制能力。

> 凯德集团的总部设在新加坡，业务范围主要是不动产的投资建设，投资了超过40个国家和地区的260个城市，通过这些城市不动产的建设取得了非凡的成就。凯德集团根据投资物业培育期与成熟期两个不同发展阶段的特性，设计了差异化的融资模式。投资物业培育期风险相对较高，无法获得现金流，但存在较高的资本升值空间；投资物业成熟期风险相对可控，通过引入商户等方式可以获得稳定的现金流，并具有一定的投资回报率。
>
> 在投资培育期，凯德集团采用PE/PF（私募投资）的方式引入资本方；而在投资成熟期，凯德集团采用REITs（房地产信托投资资金）的方式引入资本方。如今，凯德集团不仅是国际知名的商业地产开发商，更是国际领先的房地产基金管理者，已经成功从传统商业地产的重资产运营模式转变为商业物业资金管理的轻资产运营模式，有效提高了自身的抗风险能力，为其拓展全球市场提供了强大助力。

3.2.3 / 共生体物种：全新价值创造逻辑

生物界中的物种种类繁多，不同的物种之间通常存在密切的关系，以维持生态平衡。比如，共生体物种便是存在共生关系的物种，它指几种生物之间由于存在共生关系而相互得益、彼此无法分离。我们可以从共生体物种的存在逻辑分析商业生态系统，通过厘清不同利益主体的角色及业务活动可以帮助企业找到全新的价值创造逻辑。以共享经济鼻祖Uber为例，Uber能够满足人们的个性化出行需求，并非运用买车、租车、打车等传统出行方式，而是对社会闲置运力资源进行整合及利用，是一种典型的全新价值创造逻辑，而这也是对新共生体物种进行有效识别的关键指标。

图3-8 提高共生体物种活力与生命力的三种竞争维度

毋庸置疑，当共生体物种保持旺盛的活力与生命力时，与其相关的企业才能获得广阔的发展空间。能够提高共生体物种活力与生命力的竞争维度包括以下三种，如图3-8所示。

（1）利用革命性技术

蒸汽革命、电气革命以及信息革命都是革命性技术引发人类社会重大变革的典型代表。应用革命性技术的产品或服务能够给用户带来前所未有的极致体验，快速打动用户，通过口碑传播实现大范围推广普及。

> 全球汽车厂商积极发力的电动汽车也是一种应用革命性技术的产品。和传统汽车相比，电动汽车不需要水箱、油箱等模块，机械结构较为简单，制造周期及成本也有较大的压缩空间，其商业化应用给传统汽车市场带来了颠覆性变革。

（2）重构价值创造的商业逻辑

一方面，企业可以从更深或更为广阔的层次来分析现有业务，从而为用户提供全新的解决方案。

比如，本质上，酒店是一种为住户提供安全、舒适休息空间的商业机构，但想要获得安全、舒适的休息空间并非仅酒店才能提供的。Airbnb通过整合居民家中的闲置房间，让有住宿需求的用户不但可以获得安全、舒适的休息空间，还能深入了解当地的民俗文化，这种价值是传统酒店无法提供的。从这一角度上分析，酒店企业面对Airbnb这种跨界而来的竞争对手时，必须重新梳理价值创造的商业逻辑，对自身的标准化服务模式进行改造升级，从而为用户提供更人性化的居住体验。

另一方面，企业可以通过对两个或两个以上的共生体物种进行有机融合，从而实现商业逻辑创新。

"互联网+"业态就是典型代表，互联网和零售、医疗、教育、出行等诸多传统产业的融合，催生了一系列全新的商业逻辑，给传统行业中的领先者带来了巨大冲击。

（3）改变趋势性力量

趋势性力量的改变，将会为全新价值创造逻辑的出现奠定坚实基础。流行文化改变、政策调整、生产力提高等，将会促使人们的需求发生变革，从而催生出全新的生物体物种。

比如，传统工业时代，人们购买力有限，普遍追求产品的功能性、实用性、耐用性，而进入数字化时代后，人们的购买力显著提升，人们开始追求更高层次的精神与情感需求的满足，致力于帮助企业塑造并提高品牌价值的新物种——品牌咨询机构应运而生，并实现快速崛起。

3.2.4 / 创新图谱：颠覆传统市场竞争格局

我们可以将持续性创新理解为面向市场的现有用户，提供改造升级或全新的产品。通过对比持续性创新和颠覆性创新的竞争维度，可以描绘出一幅清晰的颠覆性思维创新图谱。

颠覆性创新通常是将行业领先企业不重视的细分市场作为切入点，在细分市场站稳脚跟后向其他市场渗透，从而实现对行业领先企业的颠覆。其中，重新定义需求是在战略层面上开展竞争，采用重新定义需求的玩法时，企业可以从现有需求角度对需求内涵进行重构，也可以尝试对现有需求边界进行延伸拓展，找到新的增量市场；商业模式重构则是从企业所处商业生态系统中发掘竞争优势，对企业的价值创造逻辑进行创新。显然，不同的颠覆式创新玩法都有各自的优劣势及适用范围，现有市场竞争格局及企业管理者的风险偏好也会对企业的选择产生一定影响。

企业管理者首先需要对现有市场竞争格局进行深入分析，特别是从战略、商业模式及共生体物种三个层次把握市场竞争现状及未来趋势。然后选择创新类型，决定是开展持续性创新还是进行颠覆性创新，探索从哪一个竞争维度上切入时所面临的市场竞争较小且存在较大的发展前景，能够使企业的优势资源得到充分发挥。

明确持续性创新及颠覆性创新的适用条件，可以让企业找到真正适合自身的创新类型及路径。当行业领先企业聚焦于中高端市场时，企业实施颠覆性创新将具备更为广阔的空间。此外，企业要实现颠覆式创新还需要在技术、商业模式等层面和竞争对手实现差异化，否则即便占据了低端市场或新的增量市场也难以创造价值。

重新定义需求的竞争战略需要企业管理者对市场具有比较强的把控能力，能够认识到用户需求的本质，并且可以通过整合资源满足用户需求，从而建立起较高的竞争门槛。而商业模式重构及共生体物种创造也不再是简单的企业之间的竞争，它已经上升到商业生态系统或共同体物种间竞争的高度。当颠覆性的新生事物出现，如果商业生态系统遭遇重大变革，或部分利益主体的发展速度较为滞后，导致交易结构发生变化，抑或是企业找到了效率更高、成本更低的商业模式，实现了对商业生态系统创新时，企业都可以通过开展商业模式重构实现差异化竞争。共生体物种则是对价值创造逻辑进行变革，可以是由新技术或模式衍生出新的价值创造逻辑，也可以是消费习惯、社会流行文化等趋势性力量发生变化，最终给市场竞争格局带来重大影响。

通过运用颠覆性思维创新图谱，企业可以在更为广阔的领域找到差异化的竞争维度，这种挖掘新竞争维度的做法是企业创新的关键一环，有助于引导产业构建良性竞争生态。

> 2008年的中国电脑杀毒软件市场是瑞星、江民及金山三足鼎立的局面，卡巴斯基（Kaspersky Lab）、赛门铁克（Symantec）等海外品牌则主要面向对安全性要求较高、利润空间较大的企业级市场。当时电脑杀毒软件的盈利模式为销售软件产品，软件开发商提高市场竞争力的主要方式是开发新杀毒技术、价格战及品牌建设。
>
> 奇虎360作为一个资源匮乏的初创企业，如果此时和这些行业领先者直接展开正面竞争，几乎不可能取得成功，而结合颠覆性思维创新图谱，我们可以为奇虎360找到以下三种方式：

- 在重新定义需求层面，进入存在较大增长空间的新需求市场；
- 在商业模式重构层面，通过重构商业模式，行业领先企业即便能够模仿也需要付出较高的成本；
- 在创造全新共生体物种层面，通过创造全新的共生体物种带来的全新价值创造逻辑为广大用户创造价值。

> 奇虎360选择了从商业模式重构层面着手，利用提供免费杀毒软件的策略和瑞星、金山等行业领先企业实现差异化竞争，并快速积累了海量忠实用户。随后，其推出360浏览器、软件管家、手机

助手、健康精灵、随身Wi-Fi等诸多入口产品，通过广告、游戏及增值服务完成价值变现。

奇虎360的入局改写了电脑杀毒软件市场竞争规则，让电脑杀毒软件免费，不但不会损害奇虎360的现有业务，而且给其带来了庞大的活跃用户群体，使其在短时间内获得了较大的市场份额，在掌握庞大流量的基础上，还可以通过广告、增值服务等方式完成变现。

由于瑞星、金山等行业领先企业已经形成了通过销售杀毒软件获利的思维模式，组织架构、营销战略等都是围绕销售杀毒软件产品展开，它们不甘心放弃已经能够带来可观利润的商业模式去和奇虎360一样实行免费策略。在新的市场竞争规则下，这些行业领先企业此前的竞争优势反而成为其变革的阻力，因此奇虎360仅用两年的时间便实现了对这些领先企业的超越。

3.3 / 微创新法则：打造极致的用户体验

3.3.1 / 基于用户体验的微创新

数字化时代的开放、自由、共享等特征，使各行各业开始进入以用户为中心、不断迎合及满足消费者个性化需求的时代。在传统商业时代，消费者购买商品时，缺乏足够的选择权，仅能在有限的品类中被迫做出选择，而且对商品相关信息所知甚少，供需双方间存在较为严重的信息不对称问题，然而随着信息技术的快速发展以及生产力的大幅度提高所带来的产能过剩问题日益加剧，用户体验逐渐成为影响企业成败的关键因素。

（1）微创新的概念

微创新是指以企业既定战略及市场发展方向为依据，以产品为基础，以消费者的某个消费需求为焦点，在产品功能、产品定位、产品包装、产品渠道及产品服务方面做出的小的突破。通过这种突破来迎合消费者的消费需求，能够有效提升产品销量。

对于产品来说，其能否畅销与其是否完美并不对等，主要取决于它能否击中用户的需求痛点。从诸多案例来看，用户体验创新往往是一种单点突破式的创新，在引爆市场方面具有颇为良好的实践效果，而微创新正是以用户为中心，对用户体验进行持续的优化完善。

和传统工业时代所倡导的创新不同，数字化时代的创新需要坚持用户本位思维，而不是产品本位及企业本位。企业采取一系列的创新，直接目的是优化用户体验，虽然这种创新可能是细节方面的微小变化，但它却能真正打动用户，给用户带来新鲜感和满足感。

正如奇虎360董事长周鸿祎所说，"你的产品可以不完美，但是只要能打动用户心里最甜的那个点，把一个问题解决好，有时候就是四两拨千斤，这种单点突破就叫'微创新'。"因此，微创新本质上是针对用户体验的创新，聚焦的是用户体验的改善和提升。即使采取的是微小的、单一的突破，但只要契合用户需求，就可能迎来爆发式增长。

（2）微创新的内涵

微创新的理念容易让人联想到"细节决定成败"。不过，二者关注的点有所不同，后者的侧重点是认真、极致，本质是精细化管理；前者的侧重点则是创新精神，属于应用创新的范畴。具体来看，微创新的内涵主要包括以下几点，如图3-9所示。

图 3-9 微创新的内涵

① 以用户为中心

以用户为中心,完善用户体验,是微创新的基本原则。开展微创新的企业,必须从用户视角上组织开展创新活动,找到现有产品或服务的用户痛点,在此基础上,结合企业掌握的资源,从其中的一个或多个痛点切入开展微创新。显然,这种微创新使企业能够为用户提供迎合其个性需求的产品或服务,更容易赢得用户的认可与尊重,让企业从激烈的市场竞争中成功突围。

② 在微小之处创新

微创新所强调的不是在技术、功能、工艺等方面取得重大突破、实现颠覆性革新,而是着重从细节着手,通过对细节的持续优化来感动消费者。在开展微创新的过程中,企业需要转变传统思维,由应用创新取代技术创新,通过在使用场景中为消费者创造良好体验来构建强大的市场竞争力。

③ 渐进性、持续性

微创新基本不需要对原有产品进行大刀阔斧式的改造升级,而主要是对其现有功能、材质等进行优化,对产品的设计、生产、包装等进行微调。此外,企业的微创新想要取得预期效果,往往需要将多个细节的微创新相结合,这是因为人们在使用产品过程中,对细节的感知可能不够敏锐,如果仅改变一两个细节,用户可能需要很长时间才能发现,但通过渐进式创新,对多个细节进行持续优化后,用户就能较为轻易地感知产品的变化,获得更好的使用体验,进而重复购买并进行口碑传播。

④ 注重应用创新

在传统工业时代,企业的运营往往从自身拥有的资源出发,更倾向于进行技术层面的创新。数字化时代到来后，为了获得竞争优势，企业需要以用户为中心，而这时就需要进行应用层面的创新。之所以强调应用创新，是因为仅是单纯的技术创新无法为用户创造价值，在用户主导的新消费时代，为用户创造价值的多寡，在很大程度上决定了企业在市场中的话语权。能够精准对接用户需求的应用创新，将会爆发出强大的能量，为企业创造丰厚的利润回报。

3.3.2 / 企业微创新的4种类型

微创新并非简单地模仿创新。模仿创新是从市场、产品等视角模仿竞争对手的技术、产品或服务等，而不是从用户需求视角进行创新。而微创新以用户为中心，追求为用户创造更好的体验，通过产品及服务的持续优化为用户创造更多的价值。

（1）创新vs微创新

商业领域的创新有明确的目的性，可以是对现有事物进行改造升级，也可以是创造新的事物（占比较小）。创新还是对现有产品中不符合用户需求的部分进行改造升级，从而重塑产品价值，同时，创新往往结合实际需要，具有一定的超前性。对比来说，微创新是一种渐进式的细微变革，不刻意追求颠覆性、全面性的革新，是从细节层面进行单点突破，并打动消费者。同时，微创新注重用户参与，是一种双向互动的开放式创新，这保障了创新后的产品或服务能够更加符合用户需求。

对于企业的创新而言，为了发现更好的创意、制定更为科学合理的创新策略，企业需要全方位搜集信息；为了确保信息传递的效率与质量，企业需要更加侧重市场中结构简单的信息。而微创新注重对用户体验的把握，往往结合用户生活及工作中的各种应用场景，从具体场景中快速切入，并保持较高的更新迭代速度。

创新是企业提高竞争力的重要手段，资源、流程、企业文化是影响企业创新效果的关键因素。在创新实践中，整合各种内部及外部的资源仅是基础，想要取得良好效果，还要结合企业流程，合理运用企业文化的激励作用；而微创新是充分结合消费需求，为用户搭建高效便捷的反馈渠道，使其积极提供反馈意见，参与到创新过程中来，实现价值共创。

（2）企业实施微创新的四种视角

企业实施微创新的视角主要包括以下几种，如图3-10所示。

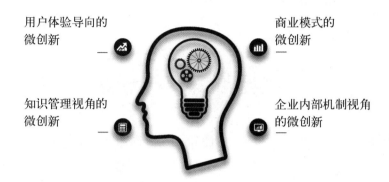

图 3-10　企业实施微创新的四种视角

① 用户体验导向的微创新

以用户体验为导向开展微创新，要求企业重视用户体验，不但要重视视觉、听觉、触觉、味觉、嗅觉等物理层面的体验，还要重视精神与情感层面的体验，通过满足用户更高层次的需求，提高产品的溢价能力。

② 知识管理视角的微创新

从知识管理视角上开展微创新，要求企业员工充分利用自身具备的用户、市场、渠道、专利技术等开展微创新。这种微创新不一定都能取得成功，所以企业需要建立完善的激励机制对员工进行引导，鼓励其不断试错，并给予资源、技术等方面的支持。

③ 商业模式的微创新

商业模式之争是现代企业竞争的重要组成部分，而且对企业市场竞争力有较大的影响，如果商业模式落后，企业的盈利能力、融资能力、抗风险能力等都会处于劣势地位。在开展商业模式微创新的过程中，企业需要从用户需求、业务流程、产业价值链各环节等一系列环节展开。

④ 企业内部机制视角的微创新

企业文化是企业重要的无形资产，是企业基业长青、永续经营的关键所在，通过企业内部机制建立微创新企业文化，对提高企业的微创新能力具有极高的价值。基于企业内部机制开展微创新除了鼓励组织成员微创新外，还需要倡导用户积极参与，结合用户对产品及服务的反馈意见进行创新，从用户反馈中获得创意与灵感，在降低微创新成本的同时，使用户获得荣誉感、满足感。

3.3.3 / 产品微创新的策略与方法

企业要想获得持续性的发展，就要不断进行创新。在数字化技术高速发展的今天，微创新的价值表现得越来越突出。在实践中，企业通过微创新可以有效获取市场资源，发现新经济增长点，从而提高自身竞争力。

（1）精益求精的工匠精神

随着新兴技术的进步，信息获取的难度大大降低，传统模式下体力劳动与脑力劳动之间的差别逐渐模糊，拥有专业技术的匠人在社会中的地位不断提高。很多匠人都具备较高的文化素养，可以借助先进的技术手段来提高自己的动手能力，将理论知识应用到实践中。这些匠人能够在其所属领域精心打磨出高质量的产品，充分诠释出"工匠精神"。

在工匠精神的指导下，匠人能够坚持不懈地做好自己的工作，进行产品打磨。这种微创新能够充分展现产品的独特优势，使其从同类产品中脱颖而出，在市场竞争中占据有利地位。持续不断地进行产品优化，积累到一定程度后，就能提升产品的整体性能。这是一个从量变到质变的过程，能够从根本上实现产品创新。从这个角度来说，从细微处着眼的微创新是产品进行跨越式发展的基础与前提。

传统观念中的"工匠"集中分布在制造业领域，因为该领域的许多工作由传统人工操作来完成。以瑞士表为例，工人在制作精品手表的过程中要投入大量时间与精力，有的手表甚至需要整整一年的时间才能制作完成。正是由于聚焦于产品的功能完善，通过运用高精度工艺来设计产品，瑞士表才逐渐建立起高端品牌的形象。

在国内，同仁堂是匠人精神的典型实践者。自1669年开办以来，老牌企业同仁堂在长期发展过程中始终奉行"炮制虽繁必不敢省人工，品味虽贵必不敢减物力"的理念，严格把控产品质量。如今，同仁堂已经获得中国国家级非物质文化遗产"同仁堂中医药文化"的美誉。

在数字化时代，用户能够通过多元化渠道查询企业及其产品的相关信息，企业运营的开放性大大提高，要想在消费者心目中树立良好的形象，就要实践工匠精神，向消费者提供优质产品。

（2）简约极致的用户体验

传统商业模式中，消费者在市场上处于完全被动的地位。而在数字化时代，这种局面已经发生了变化。信息技术的迅速发展与普遍应用赋予了消费者更大的话语权，消费者甚至可以联合起来引导舆论。如果企业提供的产品和服务令消费者不满，就容易陷入负面的舆论旋涡，相反，对于产品和服务质量较高的企业，消费者也会主动发声，帮助企业建立良好的形象，逐渐建立起企业口碑。

企业在进行微创新的过程中需要提高用户体验，在这个环节，除了要及时满足用户需求、根据其需求进行产品与服务研发之外，还要转换思维角度，从用户的角度出发给用户制造惊喜。

正如苹果公司创始人乔布斯所言，很多情况下，用户意识不到自己内在的需求，当企业给他们呈现出相应的产品时，这些需求才会体现出来。腾讯和奇虎360就十分注重对用户体验的打造，马化腾和周鸿祎会亲自上阵指导企业的用户体验设计，这些以简约极致为主导风格的用户体验设计十分符合消费者的偏好，能够为其提供优质的体验，进而提高用户黏性，实现忠实粉丝用户的积累。

（3）产品的人文情怀

微创新提倡"工匠精神"，注重对用户体验的打造，这就使得产品体现出人格化特征。在现代社会，具备人文情怀的产品更容易得到消费者的青睐。从历史发展的角度来分析，国内市场的产品人格化早已有之，这是由于在传统经济时代，产品只能在有限范围内经营，很多产品销售是基于熟人关系完成的。人格化特征能够给产品质量背书，使人们将产品与商家联系到一起，从而达到产品营销的目的。

工业革命实现了产品的批量化生产，使得产品销售的范围大大拓宽。商家与消费者之间的关系不再紧密，人格化特征的价值大大削弱。进入数字化时代，信息技术的应用拉近了商家与消费者之间的距离，基于熟人关系的经营状态重新显现。另外，与传统经济时代相比，如今市场供给远远超过总体需求，在这种情况下，人们更倾向于选择那些品质高、富有内涵的优质产品。因此，相较于价格因素，产品是否具备人文情怀就成为消费者关注的重点。

在数字化时代，企业面临的市场环境越来越复杂，新兴技术不断涌现，企业面临的市场竞争也越来越激烈。为此，企业必须在运营过程中对自身产品进行微创新，不断优化管理体系，选择适合自己的发展策略，注重微创新，发扬工匠精神，注重打造用户体验，赋予产品人文情怀。

第 4 章

组织变革下的商业模式创新

4.1 模式创新：数字化重塑企业竞争力

4.1.1 数字经济时代的商业逻辑

现如今的数字经济，发展势头十分迅猛，在这种条件下，将数字科技应用到企业生产中，会促使符合数字经济特点的商业模式形成，这会对企业的运行逻辑产生根本性影响。显然，数字经济与过去的生产模式是不适配的，同时，互联网经济、电子商务的发展，也潜移默化了消费者的消费习惯、偏好或需求，这些都使得市场环境正在发生深刻变化，由此，企业进行数字化转型成为大势所趋。

数字经济对企业运营环境的影响主要表现在以下方面：

- 市场环境、行业环境、产业环境的变化促使企业组织环境复杂化，对市场环境发展趋势的正确判断是企业做出正确决策和战略规划的前提；
- 外部环境的不确定性为企业进行商业模式创新提供了多种可能性，这就要求企业突破传统商业模式思维的桎梏，从战略目标和业务需求出发推进商业模式转型，同时，数字经济下的商业模式是动态变化的，不同企业的商业模式各具特点，难以相互模仿；
- 数字经济的去中心化趋势加强，信息交互效率、商业活动运营效率将得到进一步提升，这为企业发展新的商业模式带来了机遇。

综上所述，企业想要摸清数字经济的特点，找到创新性商业模式的规律，明确它们在逻辑上的关联，还要综合其特点，探索可能的创新途径，制定适应经济形势变化的商业模式发展策略。数字化技术的应用，能够驱动企业生产方式、运营模式、商业逻辑与价值创造方式的改变，要充分了解数字经济的内涵，了解其会给企业的商业活动带来什么新的改变，这对企业工作方式的数字化转型非常重要，甚至能够为我国数字经济的发展添砖加瓦。

信息技术的发展为数字经济的演进提供了重要的驱动力，同时也推动了传统生产方式和商业模式的变革，企业的商业边界被逐层打破，原先经验主义指导下的运营模式已经难以适应数字经济背景下的创新发展要求。

数字经济的发展使得市场环境不断改变，行业信息、消费数据信息等的互联互通为消费者参与到企业生产、运营等环节提供了条件，企业的价值创造方式发生转变。在数字化的商业模式下，企业不仅可以享受到市场规模增长带来的经济效益，还能够享受到多样化的消费者需求带来的经济效益。

数字经济时代下的商业模式创新具体表现为各商业要素之间的动态变化。企业可以依托数字技术实现对内部资源的有效整合，从而适应复杂多变的外部环境，并提升与供应链合作者、企业员工等参与方的合作协同度，共同获取更多收益。消费者在企业价值创造活动中的共同参与，是新的商业模式的显著特征。基于各种不同的线上与线下平台，企业能够与消费者进行高效而深入的互动、沟通与合作，拉近与用户之间的距离。

数字经济的深化发展，对企业商业模式创新提出了越来越迫切的要求，数字经济对商业模式创新的驱动力主要表现在以下三个方面：

a. 随着数字经济的进一步发展，企业商业活动的各种要素都会愈发活跃，市场环境也会更加多变，这会促使企业不断转换商业模式，增加商业活动的可选择项。数字技术的应用能够大大提高作业效率，促进业务流程和运营模式优化，逐渐颠覆传统的产业分工。原有的商业模式难以有效满足快速增长的市场需求，如果企业固守传统商业模式及经验，可能使其竞争优势转化为劣势，不利于长远发展。

b. 数字经济的发展呈现出去中心化的特点。基于各类数据共享平台、电商平台，企业可以实现数据信息的高效互通与共享。区块链等技术在各领域的深入应用，可为去中心化的金融平台、网络社群的构建奠定基础，商业活动中的各个参与主体可以跨过中介直接建立联系，形成更为高效、简洁的价值链创造模式。

c. 随着商业模式的创新转型，其中不符合企业战略发展需求的、落后的要素将逐渐淘汰，新的商业资源将被充分整合，协同促进商业模式的创新。同时，企业所拥有的各种资源将随着利益关系的拓展而灵活流动。在创新性的商业模式下，交易行为会从单对单的链条式进化成多对多的网络式，这会优化交易结构，让企业可以更好地与用户沟通。

4.1.2 / 数字化商业模式的概念内涵

随着人工智能、大数据等技术在各行各业的深入应用，传统产业数字化转型的进程不断加快，由此带动了商业模式的深刻变革，数字经济已成为推动我国经济增长的主要引擎之一。

数字化商业模式是现代数字技术不断发展的产物。在数字经济时代，企业可以充分利用数字技术优势，促进市场信息、行业信息、知识信息的整合，以数据信息赋能产品创新、流程优化、组织结构调整和管理方式变革，实现业务运行的降本增效，提升企业价值创造能力。数字技术是推动企业转型升级、维持竞争优势的重要辅助工具。

随着数字化商业模式在各行各业的推广应用，其内涵也不断丰富，下面我们从数字技术视角和功能视角做具体阐述。

（1）数字技术视角

数字技术视角强调的是数字技术在商业运行中的应用和此类技术对商业模式创新的驱动作用。

在数字化商业模式中，数字技术是辅助产品研发、商业运营、管理决策和价值创造的基础性工具，部分商业要素依托这一工具实现了自动化和智能化，数字技术的深化应用将深刻改变甚至颠覆原有的以企业为中心的产品或服务结构。企业可以通过在商业运营中引入数字技术，改善或重塑现有商业模式，实现数字化转型，从而在不断变化的经济环境中保持竞争优势，进一步扩展价值创造路径。

（2）功能视角

从功能视角来看，基于现代信息技术的数字化商业模式能够促使企业结构进一步调整完善，促进资源配置优化、推进业务流程自动化转型，并辅助企业推陈出新，优化生产、运营、管理方式。数字技术可以催生新的商业逻辑，这不仅会深刻影响企业的业务开展方式，还能够支撑企业、用户和合作伙伴各主体的价值创造模式变革，大幅提高其价值创造能力。

总之，数字化商业模式在本质上是一种以数字技术支撑企业进行业务流程、资源配置、业务架构等优化的模式，该模式不仅涵盖了数字技术在商业模式转型中的驱动作用，还涵盖了商业模式转型后形成的新功能、带来的新成果。商业模式的数字化创新能够提升企业在不断变化的经济与技术环境中的适应性，为企业注入强劲的生命力。

4.1.3 / 数字化商业模式的主要特征

数字技术在商业活动中的应用促使商业规则逐渐发生改变，数字化商业生态中的庞大数据信息已然成为数字化商业模式的重要战略资产。在数字化商业模式中，其价值维度有必要以用户为中心进行定义。集成了大数据、云计算等技术的数据信息平台能够有力巩固企业与用户之间的联系，在接触用户、吸引用户、运营售后等方面创新服务方式，提高服务效率，提升用户黏性。以下将从三个方面分析数字化商业模式的特征，如图4-1所示。

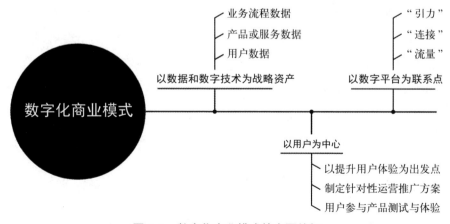

图4-1 数字化商业模式的主要特征

（1）以数据和数字技术为战略资产

大数据、人工智能等技术能够支撑实物产品虚拟化、数字化的新价值主张的落实，在此基础上产生的海量数据信息将成为企业发展数字化商业模式的重要战略资产，这些数据信息主要可以分为三类。

- **业务流程数据**：主要来源于构成企业价值链的业务活动，此类数据能够为企业优化业务流程、改进管理方式、制定业务指标提供支撑。
- **产品或服务数据**：涵盖交付产品或服务的相关信息，可以有效辅助企业价值主张的实现。
- **用户数据**：涵盖用户消费情况、购买力、喜好偏向等信息，企业可以通过对用户数据的分析、整合，挖掘出用户的实际需求，并在此基础上制定合理的生产方案、营销方案、发展策略等。

数字技术依托各类数据信息，可以充分发挥情报能力、分析能力和连接能力。情报能力主要是指利用相关数字组件和软硬件设施，采集并汇总不同来源的数据信息的能力；分析能力主要是指根据一定的规则或算法模型，对所采集的信息进行分析、处理，从而实现对信息价值的挖掘和知识开发的能力；连接能力则是指将业务流程、运营管理、用户服务等要素线上化的能力。

比如，依托互联网、物联网等技术，可以实现对各类软硬件设备数据信息的采集与分析，这一技术优势能够更好地服务于企业产品生产，全面、精准的数据信息可以推动企业从产品主导向服务主导的模式转变；云计算技术能够辅助企业经营所需数据的跨区域实时传递、高效共享，从而提高商业模式的灵活性、敏捷性，并有效降低沟通成本；区块链技术的应用，可以推动企业价值框架升级创新，使其从单一的链模式向更加灵活、多样、可控的网络模式转变，同时优化供应商、合作伙伴、用户等参与主体之间的互动方式，驱动商业模式创新。

（2）以用户为中心

在数字化商业模式下，用户实际上也是企业资产的重要组成部分，通过对用户数据的深度挖掘,能够了解到用户需求偏好、需求缺口等信息,并在此基础上制定运营策略,加强用户关系管理,提高用户服务质量。以提升用户体验为出发点,为其提供灵活的、多样化的定制产品或服务。另一方面,企业可以借助社交媒体等互联网平台,针对潜在用户目标群体制定相应的运营推广方案,与用户积极互动,洞察用户需求。同时,可以邀请用户进行新产品测试与体验,从而提升产品竞争力。

跨境电商平台亚马逊(Amazon)通过对用户信息进行大数据分析,能够准确掌握不同地区用户的消费习惯或不同用户群体的需求偏好等信息,并根据这些信息进行仓储管理与调配,进而保证产品及时交付。另外,亚马逊通过优化数字化业务流程,如提升线上支付的便捷性,提高售前、售后客服的沟通效率,进行物流追踪信息提示等,大大提升了用户的购物体验。

(3)以数字平台为联系点

依托于现代信息技术与互联网通信技术,"中立"的数字平台在数字化商业模式中可以作为连通生产者、消费者或其他参与者的"桥梁",促进参与各方之间的直接互动与沟通,降低生产方的营销推广成本和服务成本,促使交易高效完成。

所谓数字平台的"中立性",是指平台不生产商品,不提供商品服务,不控制会偏袒交易活动参与者的关键资源,同时也不拥有除在线调解接口以外的任何有形基础设施。平台可以作为交易活动的"调解人",它定义了商业框架和交易规则,既可以管理来自生产商的实物产品,又能够向用户交付数字内容,为参与方的价值创造活动提供了有力支撑。成功的数字平台应该具备"引力""连接"和"流量"三个要素。

- **"引力"**:指数字平台吸引参与者、生产者或消费者在平台进行交易活动的能力。
- **"连接"**：连通参与者各方，它代表了交易各方的参与度。
- **"流量"**：代表了消费者、生产者等参与方对平台的关注程度，它可以用于衡量平台促进交易和价值创造的难易程度。

除了以上所述内容，数字化商业模式的特征还包括融合性、成长性、可扩展性等。融合性是指该模式能够突破产业和组织边界，促进交易活动跨组织、跨产业融合；成长性是指该模式是不断发展变化的，随着数字技术在商业领域的成熟应用，数字化商业模式的商业运营要素将向着自动化、智能化方向发展，其价值创造能力不断提高，并能够与复杂的经济、市场环境相适应；可扩展性是指得益于较低的产品或服务的边际成本（几乎接近零），该模式能够被迅速推广，并且随着越来越多的用户加入，产业链将进一步完善，产品和服务所创造的价值将快速增长。

4.1.4 / 数字化商业模式的基本要素

商业模式实质上就是企业所参与的价值创造活动的总体设计。就数字化商业模式来说，其基本要素涵盖价值主张、价值创造与价值获取三个方面，如图4-2所示。

图4-2 数字化商业模式的基本要素

（1）价值主张

数字化商业模式的价值主张涉及数字产品、数字服务及数字用户，所涵盖的用户群体更为丰富，能够为不同的用户群体提供不同的产品和服务价值，其中包括面向用户的解决方案和实现方式。数字解决方案能够重塑现有商业生态系统，促进产品和服务模式创新，有利于用户体验价值增长和市场价值的持续创造。

在数字化商业模式下，数据平台为实物产品的虚拟化、数字化创造了条件，并能够以强大的数据处理能力辅助新产品研发，促进以数据为中心的服务模式的发展。由此可以提升数字化产品和服务的用户体验，降低其单位成本，并充分体现了数字化商业模式的灵活性、可用性。此外，产品和服务的数字化有利于交易活动的开展，能够产生直接或间接的网络效应，使数字化商业模式的价值主张进一步强化。

比如，当数字平台的用户达到一定量级时，平台商户可以联合起来，与供应商谈判拿到更低的价格，这是直接的网络效应的表现；同时，随着平台用户数量的增加（包含买方与卖方），来自不同细分市场的参与者规模也会随之增长，这是间接的网络效应的表现。由此可见，数字化商业模式有利于推动企业价值主张的落实，并为用户提供多样化的价值选择。

数字化商业模式能够更好地贯彻以用户为中心的原则，其业务流程的开发以满足用户需求为核心目标，并基于数字用户（即依托于数字技术进行交易的买卖双方）的体验和反馈进行优化改进。企业可以通过平台提供的数据服务进一步挖掘用户需求，有针对性地为特定用户群提供更好的服务。而且，数字用户界面也有利于企业维护用户关系、提升用户满意度，并通过互联网媒体扩大品牌影响力。同时，数字技术可以推动细分市场的规范化，拉高用户期望值，进一步影响用户的消费理念和消费行为，间接促进价值主张的创新。例如，近年来兴起的智能家居和智能电器，其交互系统不仅为用户带来了便利，也为企业增强用户黏性、挖掘潜在用户奠定了基础。因此，数字用户商业模式不仅有利于企业拓展市场，也有利于提升用户的消费体验。

（2）价值创造

数字化商业模式下的价值创造是指企业利用数字技术，并融合企业内外部资源力量，实现流程高度自动化的、智能化的、用户共同参与的价值共创。从组织结构来说，企业可以基于数字化商业模式框架建立新的业务生态，实现信息高效共享与知识转移，以各要素协作推进与用户的价值共创。企业可以通过对消费者需求的深度剖析和对未来趋势的预测，促进产品研发创新并提高产品成功率。在分销渠道方面，不论是在现实经济活动中，还是在线上平台，数字化商业模式都有力增强了用户关系，实现了用户在企业价值链中的深度融合。

数字商业战略是基于数字资源的差异化价值创造能力而制订的战略规划，它在企业实施数字化商业模式的过程中起到重要的导向作用，同时也是实现数字化商业模式价值创造的重要驱动力。在数字经济快速发展的大背景下，数字技术在商业领域的应用为企业带来了机遇与挑战，许多企业都开始制定数字商业战略，并在实践中探索能够真正实现战略目标的路径。

数据信息是数字化商业模式下企业持续进行价值创造的重要资源，企业可以通过大数据等技术对多源异构的数据信息进行整合分析，并挖掘数据中蕴含的价值，为管理决策、产品研发、市场拓展等活动提供支撑。另外，数字化商业模式企业可以通过数字平台灵活地进行资源统筹与配置，促进各类资源高效、精准利用，提高整体业务运营能力和价值创造能力。

（3）价值获取

数字化商业模式下的价值获取意味着企业的价值主张得到落实，并保持企业财务计划的可行性和经营的可持续性。数字化商业模式与传统商业模式相比，在收入来源、定价模式及成本控制等方面都有更为突出的优势。

数字技术促进了企业竞争模式和产品服务方式的变革，一部分企业的收入模式由一次性的销售收入向长期、可持续的经常性收入模式转化，例如科技企业为用户提供的会员制、系统更新、付费订阅等服务。收入模式的转变使企业与用户的联系更为紧密、牢固，用户黏性的增强有利于企业持续进行价值创造与收益增值。同时，数字化商业模式中商品的实际价值与定价是紧密联系的，敏捷的线上市场反馈机制有利于强化企业的定价主动权，企业可以根据运营数据及市场反馈信息及时调整价格，针对定制产品或服务进行灵活定价，促进成本效益增值。

此外，企业可以通过流程优化来降低运营成本，提高资源利用率和整体效益。总之，收入模式的拓展与创新，加上灵活的定价方式，能够有力支撑企业的健康运行和持续的价值创造。

4.2 落地路径：数字化商业模式的设计

4.2.1 先行因素

商业模式涵盖企业与企业、企业与部门、企业与顾客以及企业与渠道之间的交易关系和连接架构，覆盖了价值主张、价值创造、价值获取等各项活动。就目前来看，企业在推进数字化商业模式落地的过程中需要从商业模式的先行因素、价值主张、价值创造、价值获取和支撑与促进数字化商业模式发展的动态能力这五个方面入手，如图4-3所示。

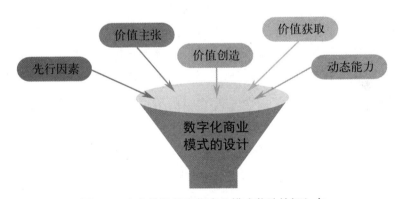

图4-3 企业推进数字化商业模式落地的切入点

下面我们首先对数字化商业模式的先行因素（如图4-4所示）进行简单分析。企业在应用数字化商业模式的过程中离不开数据资源和数字技术的支持，同时数字化商业模式也能助力企业实现创新发展，为企业完成制定数字商业战略、明确数字领导与加强团队建设以及更新企业文化等工作提供强有力的支持。

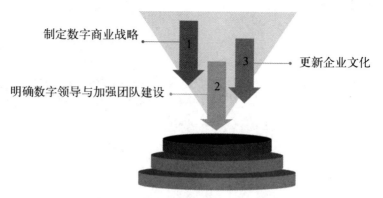

图 4-4 数字化商业模式的先行因素

（1）制定数字商业战略

数字商业战略是企业应用数字化商业模式的基础。具体来说，数字商业战略是企业用于探索数字技术的发展和应用相关问题并把握数字技术带来的发展机遇的发展框架，能够助力企业在数字时代进一步提升自身的核心竞争力和业务发展方式的丰富性。在数字商业战略的制定工作中，企业应充分考虑战略规模、落地速度、实施范围等问题，全方位确保战略的有效性。

具体来说，企业在制定数字商业战略时需要加强对管理方式的探索和研究，在数字化商业模式下，企业需要借助新的管理方式来营造具有规模潜力的网络效应，扩张合作伙伴关系，建立战略联盟，提高多源异构数据的利用率，强化自身的大数据处理能力，明确新产品的上市时间，助力整个组织实现高效学习，提高组织的决策能力，增强商业模式的灵活性，明确价值创造和获取范围。与此同时，企业还要围绕用户来确定价值维度，以便找准目标市场。

（2）明确数字领导与加强团队建设

商业模式革新的过程具有一定的复杂性和困难度，并不能一蹴而就。企业实现从传统商业模式到数字化商业模式的转型离不开企业最高管理层的支持，同时也要最大限度地提高管理的透明度。在实际操作中，企业应设置首席数字官等相关职位，并明确各个职位上的人员的权责关系，将处于该职位上的相关负责人作为数字领导，由数字领导来确立组织框架并制定数字商业战略，同时大力推进企业的商业模式向数字化转型，并监管转型成果。

一方面，企业在推进商业模式向数字化转型的过程中需要了解并掌握当前的数字技术发展情况，合理运用各种数字技术为各项商业活动赋能，同时也要明确各个商业模式维度的数字化需求，并确立用于评价商业模式数字化转型效果的关键绩效指标；另一方面，企业需要招聘和培育数字技术人才，建立专门的信息技术业务团队，并加强对整个团队的探索精神的培养。

（3）更新企业文化

数字化商业模式中融合了多种新兴技术，能够帮助企业优化工作流程、革新企业文化。企业文化指企业在日常运行中所展现出的价值观和处事方式等文化形象，通常并不会被轻易改变，但当企业进入商业模式数字化转型时期后，企业文化会受到技术应用和思想进步等因素的影响，因此企业需要在坚守基本价值观和依据传统成功要素的基础上对企业文化进行革新，并借助新的企业文化来强化自身在市场中的竞争力。

灵活创新的思维、兼容并包的态度、结构性的变革等是提高企业文化的包容性和数字化程度的关键，也是企业实现商业模式数字化转型过程中必不可少的要素。在实际操作中，企业可以通过创新优化办公空间设计、提升工作团队的数字思维和强化信息技术部门的职能等方式来提高商业模式的数字化转型速度。

4.2.2 / 价值主张

在数字化商业模式中，企业需要围绕用户来展开数字产品设计和服务等一系列工作，并充分利用数字技术来拓宽分销渠道。因此，数字化商业模式的价值主张如图4-5所示。

```
┌─────────────────────────────────┐
│ 设计以用户为中心的数字产品和服务 │
│ •提供综合数字解决方案            │
│ •价值共创                        │
├─────────────────────────────────┤
│ 加强数字通信能力                 │
│ •加强数字通信服务                │
│ •加强用户关系管理                │
├─────────────────────────────────┤
│ 实现全渠道的分销与交付           │
│ •渠道数字化                      │
│ •分销与交付渠道的拓展            │
└─────────────────────────────────┘
```

图 4-5　数字化商业模式的价值主张

（1）设计以用户为中心的数字产品和服务

具体来说，企业可以利用以下两种方式围绕用户进行数字产品设计和服务：

① 提供综合数字解决方案

进入数字化时代后，为了更好地响应用户需求，部分企业开始调整产品生产计划，根据供需匹配结果制定包含产品设计、产品生产、产品交付和产品销售等内容在内的综合数字解决方案。与此同时，企业在设计综合数字解决方案时需要联合供应商、分销商、合作伙伴和用户等各个主体，实现多方协同，构建起包含以上各个参与者在内的生态系统，并确保该生态系统运行的稳定性。

② 价值共创

企业可以通过与各个利益相关者共享资源的方式来提高资源的利用率，也可以高效整合从供应商到用户的整个流程，实现多方价值共创。不仅如此，企业还可以借助互动识别来深入挖掘用户需求，强化用户与产品开发流程之间的联系，并充分发挥数字技术的作用，协同用户来持续测试产品和服务，广泛采集用户需求信息和产品优化建议信息，以便通过对这些信息的分析来实现对产品的持续优化，最大限度地提高数字解决方案的有效性，进而充分满足用户需求。

（2）加强数字通信能力

数字通信融合了信息和通信技术，企业可以通过加强数字通信的方式来促进数字化商业模式的创新发展，提升自身的价值创造能力。

① 加强数字通信服务

就目前来看，部分企业正在大力推进数字通信服务建设，积极开展应用程序开发、网上商店运营等工作，同时这些企业也充分考虑到了用户日常使用的智能设备类型较多等问题，为了能够向用户提供更加优质的数字通信服务，企业积极提高产品、服务等内容的统一性，并借助加强数字通信服务的方式来提升自身在交流沟通方面的能力，实现与用户的多重互动。

具体来说，企业将社交媒体和其他相关应用程序运用到与用户的互动中时，能够有效提高互动的自动化程度和便捷性，并实现与用户之间的双向交流和沟通，进而起到加强与所有用户之间的互动的作用。

② 加强用户关系管理

企业可以通过加强用户关系管理的方式来实现高效管理。在数字化商业模式下，企业可以深入挖掘用户数据，并对各项用户数据进行分析处理，同时也可以根据分析结果为用户建立相应的数字身份并进行管理，这既有助于企业精准把握用户需求，实现对个性化数字关系的高效管理，也能帮助企业在用户细分的基础上提高产品生产和交付环节的工作效率。

除此之外，企业也可以充分发挥社交媒体的引流作用，获取大量用户并与用户保持长期的交流和沟通，形成用户对话架构，以便及时跟踪和管理用户需求、用户偏好、用户体验等信息，并通过对用户体验等信息的分析来优化产品。

（3）实现全渠道的分销与交付

渠道的变化会直接影响企业的价值交换方式以及与用户的交互方式。由此可见，商业模式的数字化转型为企业进一步扩宽用户关系网络提供了助力。

① 渠道数字化

数字化技术与渠道的融合能够革新渠道模式，为企业提供全新的用户交互架构，助力企业提高销售额，获取更高的利润。因此，企业需要强化数字技术与分销渠道和交付渠道等各个渠道的融合，并加强渠道中的各个利益相关者之间的联系，提高企业的分销网络和交付网络之间的协同性、高效性和灵活性，推动渠道的数字化升级。

② 分销与交付渠道的拓展

在数字化时代，企业应充分发挥数字技术的作用，拓宽分销渠道和交付渠道，集成大量数字渠道和非数字渠道，构建起具有全渠道分销和全渠道交付特点的交易体系。在全渠道供需一体化的前提下，企业可以利用不同的渠道向用户提供商品，这也能进一步提高自身的供需整合能力，并凭借该能力高效整合产品流和信息流，实现供需协同，进而提高产品交付效率，达到拓宽分销渠道和交付渠道的效果，并获取更多用户。

4.2.3 / 价值创造

在数字化商业模式中，应用数字技术、进行数据处理、寻找合作伙伴和利用数字平台是企业实现价值创造过程中必不可少的步骤，如图4-6所示。

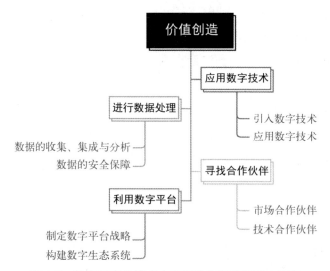

图4-6　数字化商业模式中实现价值创造的基本步骤

（1）应用数字技术

数字技术是一种融合了信息、计算、通信、连接等多种技术的技术体系，企业可以借助数字技术实现对能力和资源的深入挖掘，并在此基础上推动商业模式革新，实现基于新的商业模式的价值创造。

① 引入数字技术

数字化商业模式的落地离不开大数据、物联网、云计算、人工智能、区块链等数字技术。具体来说，企业需要利用各种数字技术对各项流程、用户界面等内容进行优化调整，提高企业、消费者和产品之间的交换的连通性，进而为企业在商业生态系统中帮助各类用户实现价值创造提供方便。

在数字技术的支持下，企业可以提高各项业务的数字化程度，并帮助用户在开展商业活动和分享个人数据的同时实现价值创造。以阿里巴巴为例，阿里巴巴通过将大数据分析、人工智能和在线渠道等数字技术融入自身业务当中的方式，有效提高了企业的经济效益。

② 应用数字技术

数字技术与业务的融合并不能完全保证企业能够获得更高的效益，因此企业需要提升自身的数字技术应用能力，将数字技术合理运用到各项业务当中。具体来说，企业在提升自身的数字应用能力时可以从数字领导和人力资源管理两个方面入手：

- 在数字领导方面，企业的数字领导应具有较强的前瞻性和全局观，并为企业积极规划商业图景，充分认识到数字技术应用的重要性，大力推进数字技术在企业内的各项业务中的融合和应用；
- 在人力资源管理方面，企业应招聘和培养数字技术人才，建立数字技术专业团队，提高自身的数字技术应用水平。

（2）进行数据处理

数据是企业在数字化商业模式中实现价值创造不可或缺的重要资源，能够为企业的经营和发展提供支撑。

① 数据的收集、集成与分析

- **数据收集技术**：主要涉及射频识别等传感器设备和物联网等网络连接设备。
- **数据集成技术**：主要涉及云技术、ERP系统等数据格式化相关技术和数据存储相关技术。
- **数据分析技术**：利用人工智能等技术手段完成合并数据、检测数据模式、提取有价值的信息、将数据转换为决策基础等工作。

与此同时，企业还需制定包含数据收集、数据集成、数据分析、数据需求、数据来源、技术基础架构要求、数据能力、数据所有权、数据隐私和安全、数据治理等诸多内容在内的数据处理战略，充分确保数据处理的有效性。

② 数据的安全保障

企业制度、行业规范和法律法规能够在一定程度上确保各项数据的安全性，同时也会对企业的数据处理工作造成一定的影响，因此企业在处理数据时需要充分保护用户的各项隐私数据，并将数据安全问题融入企业文化当中，打造良好的隐私数据保护环境。

对用户来说，数据安全和网络安全是保护其隐私数据的重要手段，因此企业需要向用户传递数据安全相关知识；对企业来说，要在数据安全相关法律法规的允许范围内开展数据处理工作，同时也要营造安全的信息技术环境和网络环境，并邀请数据安全专家对自身的网络安全相关工作进行指导。

（3）寻找合作伙伴

在数字化商业模式中，企业可以利用数字技术联系各个市场参与者，并与之构建合作伙伴关系。

① 市场合作伙伴

企业需要与用户建立并长期保持基于关系治理策略的合作伙伴关系，进一步提高用户的信任度，同时整合从供应商到用户的所有流程，以开放沟通的方式积极推进资源共享工作，加强双方之间的交流沟通，为实现多方价值共创提供支持。不仅如此，企业还需要加强创新，并提高用户对各项创新活动的参与度，积极寻找市场合作伙伴，以便及时把握发展机遇，与各个合作伙伴共同创造价值。

② 技术合作伙伴

在数字化商业模式中，企业在选择合作伙伴时应注重对方与自身之间的互补性。在实际操作中，企业应充分发挥数字技术的作用，与自身选定的具有互补资源和互补能力的合作伙伴建立新型合作伙伴关系，并借助访问数据源和即时连接的方式来实现交叉服务和交叉销售；与此同时，企业也要与具有自身所缺乏的数字能力的合作伙伴共同开发解决方案，以便解决仅凭自己的能力难以处理的问题。

（4）利用数字平台

企业应认识到数字平台的重要性，并充分发挥数字平台对数字化商业模式的支撑作用。

① 制定数字平台战略

数字平台战略主要由创新平台战略、交易平台战略、整合平台战略三部分构成，企业可以通过制定数字平台战略来推动各项平台战略创新和提高产品开发的商业化程度。具体来说，创新平台战略能够支持企业在第三方开发者的竞争中实现产品创新，例如，苹果公司借助创新平台战略开发出了iOS移动操作系统，谷歌借助创新平台战略开发出了安卓移动操作系统；交易平台战略有助于企业开展在线零售、按需服务等商业活动；整合平台战略融合了交易平台战略和创新平台战略。

企业可以通过制定和应用数字平台战略来实现技术创新，同时也能为消费者提供更加多样化的技术应用。在数字平台战略落地的过程中，企业需要明确数字平台的定位、技术、架构、决策权、访问权等内容，并充分确保数字平台的合法性、易用性和开放性。

② 构建数字生态系统

一般来说，计算机等连接设备的访问者都能成为数字生态系统的参与者。具体来说，数字生态系统是一种具有自组织、可扩展、可持续等特点的系统，且融合了异构数字实体和各项相关关系，能够为各个数字实体之间的信息交互提供支持，并直接影响数字平台战略的发展和执行，因此企业可以借助数字生态系统来强化系统效用，驱动信息共享、内部合作和制度创新，并获取更高的效益。数字生态系统的构建过程受交易成本、数字技术水平、在线社会资本等诸多因素影响，因此企业在构建数字生态系统时需要注意降低交易成本，大力推动数字技术快速发展，并积累在线社会资本。

4.2.4 / 价值获取

在数字化商业模式中，企业可以通过先调整和扩展收入模式再调整成本结构和预算的方式来深入挖掘数据价值，实现价值获取，同时也能减少成本投入，提高经营收益。数字化商业模式的价值获取方式如图4-7所示。

图 4-7　数字化商业模式的价值获取方式

（1）调整和扩展收入模式

近年来，数字技术飞速发展，数字化商业模式的应用也越来越广泛，企业的收入模式日渐丰富，部分企业充分发挥数字技术和数据价值挖掘的作用，在优化当前已有收入模式的基础上不断探索新的收入模式,进一步提高了收入模式的多样性。

① 利用数字技术创收

企业可以利用物联网、云计算、区块链等数字技术为用户提供多样化的数字服务,并在此基础上形成新的收入模式,以便提高整体收益。具体来说,企业利用大数据技术辅助决策既能大幅提高决策的确定性,也有助于实现流程优化升级,同时还能确保产品交付和服务交付的高效性。除此之外,企业还可以利用使能技术提高数字服务的丰富性,并通过向用户提供新的数字服务来获取更多收入。

② 挖掘数据价值创收

企业需要深入挖掘数据价值,并通过对各项数据的分析来了解用户的实际需求和偏好等等信息,以便为用户提供个性化、定制化的产品和服务,同时企业也需要对这些个性化的产品和服务设置不同的价格,为用户的消费提供方便,并达到创收的目的。不仅如此,基于数据挖掘的个性化产品和服务还能有效提高用户留存率和用户终身价值,进而帮助企业获得更多收入。

(2)调整成本结构和预算

在数字化商业模式下,当企业的价值获取维度发生变化时,企业的成本结构和预算也会随之改变,因此企业需要为数字化商业模式创新项目设置专门的预算。与此同时,信息技术基础设施的建设、更新和维护也都离不开资金的支持,因此企业还需要充分考虑信息技术基础设施相关的成本支出。

对企业来说,可以通过与业务合作伙伴共同商定项目的关键绩效指标等成本结构和预算的方式来防止投产比出现大幅降低等情况。具体来说,企业无法在所有的项目中直接获取由会计投资带来的财务回报,因此在部分项目中企业需要对关键绩效指标进行重新定义,同时数字化商业模式还具有节约成本的优势,能够帮助企业减少在部分环节中的成本支出,进而释放更多资金。

4.2.5 / 动态能力

企业在感知机遇、把握机遇、改造关键组织要素、优化配置关键组织要素等方面的能力被称为动态能力，其构成如图4-8所示。对企业来说，需要集中整合大量知识和技能来提升自身的动态能力，以便及时把握市场机遇，有效推动变革，并开发出具有一定可行性的商业模式。

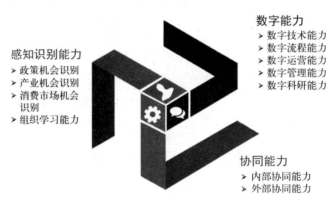

图 4-8 企业动态能力的构成

（1）感知识别能力

企业可以利用感知识别能力实现对数字经济环境的实时动态检测，并在此基础上发现新的市场机遇。具体来说，感知识别能力主要包括数字机会识别能力和组织学习能力两部分，其中，数字机会识别能力可以帮助企业实现对政策机会、产业机会、消费市场机会等数字经济环境的精准感知，为企业的数字化转型和创新工作提供支持；组织学习能力能够帮助企业借助跨界积累和快速迭代等方式实现对组织以及知识技能的创新，为企业提高流程效率和创新商业模式提供支持。数字机会识别能力如下所示：

- **政策机会识别**：企业广泛采集与数字发展、数字经济等内容相关的政策信息，并根据对这些信息的分析进行预测。
- **产业机会识别**：企业充分了解数字化产业布局、数字化发展空间、数字化技术变革和数字化竞争态势等信息，并根据这些信息预测数字化产业未来的发展情况。
- **消费市场机会识别**：企业凭借自身的数字机会识别能力来识别受数字化影响下的市场前景、价值空间和消费偏好等机会要素，预测企业在数字化的市场环境中的未来发展趋势。

（2）数字能力

数字能力主要可分为数字技术能力、数字流程能力、数字运营能力、数字管理能力和数字科研能力五种类型，企业可以凭借自身的数字能力对各项数字技术进行有效管理，并在此基础上推动产品和服务等内容的创新。具体来说，各种数字能力在企业实现商业模式数字化的过程中分别发挥着以下作用。

- **数字技术能力**：企业可以利用数字技术能力来广泛采集数据对各个关键硬件进行优化，以无线连接的方式实现产品与互联网之间的互联，同时也能进一步提高自身在利用数据执行知识开发活动的能力。
- **数字流程能力**：企业可以利用数字流程能力来构建价值网络、供应链网络和数字化平台。
- **数字运营能力**：企业可以利用数字运营能力来向用户提供符合其需求和偏好的数字化产品和数字化服务，并迎合市场发展趋势提高销售、场景和支付等内容的数字化程度，进而达到提高自身的供应能力和价值创造能力的目的。
- **数字管理能力**：企业可以利用数字管理能力来提升自身的数字技术应用水平，进而升级生产工艺，优化管理流程，实现高效管理。
- **数字科研能力**：企业可以利用数字科研能力来快速充分把握各项先进的数字技术，并进一步提高自身的数字技术应用能力。

随着数字技术的快速发展和广泛应用，企业可以借助与外部的连接和与其他利益相关者之间的合作来获取企业外部的资源和能力，以便更好地实现企业战略。

(3) 协同能力

在数字化时代，企业与企业之间的边界逐渐模糊，价值创造体系的开放性不断提高，各行各业的企业都在大力提升自身的协同能力，借助价值共创的方式来为自身的发展赋能。具体来说，协同能力主要包括内部协同能力和外部协同能力，其中，内部协同能力有助于企业实现员工、部门、各产业要素之间的数字化协同；外部协同能力有助于企业实现政府、中间商、供应商、数字资产、数字资源、用户的数字信息等各项外部要素之间的数字化协同。

除此之外，业务协同能力、数据协同能力和数字生态协同能力等数字协同能力也是支撑和促进企业推进数字化商业模式发展过程中的重要能力，企业可以利用各项数字协同能力来加强对数字平台、云平台和人工智能等技术手段的应用，提高各个业务流程之间的融合程度和协调性，并促进财务、人力、库存、用户、供应商等方面的数据实现高效融合和协调统一，同时企业也要加强与合作伙伴之间的协同，共同构建数字化的企业发展生态环境。

企业可以集中整合自身所欠缺的资源和能力以及提高数字平台功能的丰富性等方式来强化交叉网络效应和资源优势，同时也可以充分发挥互联网、云计算等先进技术的作用，帮助数字平台的各个参与者增强自身在资源整合、资源匹配和资源运用等方面的能力，以便充分利用各方资源实现价值创造。

4.3 数字化经营：驱动业务模式数字化

4.3.1 / 数字赋能：经营模式创新变革

随着数字技术的快速发展，流量红利已经逐渐消退，因此很多企业开始将原本以流量为核心的互联网经营模式转型为基于数字技术的数字化经营模式。具体来说，该经营模式具有一个中心（以用户为中心）和两个融合（线上线下融合、公域私域融合）的特点，是一种全域经营模式，能够提高生态连接形式的开放性以及供需匹配的效率和精准度，进而充分确保社会生产的高效性。

就目前来看，人类社会正处在从工业文明向数字文明演变的重要时期，现阶段的人类文明具有工业文明和数字文明互相融合的特点，随着数字化进程持续推进，人们将迎来全新的社会经济生活方式，企业的生产经营模式也会实现创新变革。在数字化时代，企业需要以数字化经营的方式来实现创新发展、协调发展、绿色发展、开放发展和共享发展等社会价值。

- 企业可以充分利用大数据、人工智能、区块链等数字技术来优化商业模式，革新治理模式，实现创新发展；
- 企业可以通过数字化经营来拉近城乡和区域间的营商差距，推动各个地区之间协调发展；
- 企业可以通过数字化经营来实现高效的物流支付和供需对接，进而实现绿色发展；
- 企业可以通过数字化经营来提高数字生态的开放性，助力中小企业快速发展，推动商业文化优化升级，实现开放发展；
- 企业可以通过数字化经营来打造公平竞争的人才市场和适配高质量发展的就业市场，进而促进高质量就业，实现共享发展。

互联网的发展和应用驱动了数字经济快速发展，但同时流量的增长速度也越来越缓慢。为了进一步加快进入数字文明时代的速度，各行各业均需以"和合共生，向善而行"为核心价值观革新数字化经营模式。

一方面，随着各行各业进入存量竞争时代，企业之间的竞争日益激烈，为了在市场竞争中占据一席之地，企业必须加强技术创新和能力建设，及时脱离零和博弈，并充分发挥各项数字技术的作用来提高不同部门、不同环节、不同业务之间的协同性，利用数据资源驱动创新增长，进而实现降本提效，同时也要进一步扩大市场规模，实现与环境以及同行业竞争者之间的共生共荣。

另一方面，数字技术的应用大幅提高了社会生产力，同时居民消费水平也不断提高，消费结构也实现了优化升级。在数字经济时代，数字原生消费者逐渐成为消费的主力军，与其他的消费群体相比，数字原生消费者具有更高的科学文化素养以及更加多样化和个性化的消费需求，通常会更加积极地通过网络进行自我表达，实现与生产者之间的双向交互。对企业来说，数字时代的到来为其带来了新的机遇和挑战。

因此，企业需要将生产经营过程中的关注重点转移到用户身上，并充分发挥数据、算法和算力等数字技术的作用，为用户提供更加优质的服务，同时也要明确自身所应承担的社会责任，在坚持与社会共生、共享、共荣的理念的前提下开展各项生产经营工作。

4.3.2 / 全域经营：优化供需匹配效率

海量数据资源、数字化平台和供需匹配算法等是企业实现数字化经营的基础。对企业来说，应在数字经济发展规律的框架下充分确保数据供给的及时性和多样性、数字化平台的开放性以及供需匹配算法的准确性和高效性，并利用数据资源、数字化平台和供需匹配算法来提高自身的数字化经营能力：

- 数字经济的发展离不开数据，企业在推动传统经营模式转向数字化经营模式转型的过程中需要广泛采集产业链、供应链和服务链上的各项数据以及经营流程、经营对象等信息，并对这些数据信息进行深入分析处理；
- 数字化平台能够整合各类应用工具和数字化经营数据、数字化经营算法、数字化经营算力等数字化资源，为市场主体提升自身的数字化能力和获取数字资源提供方便；

- 算法是企业充分发挥数据价值的重要工具，企业需要通过提高算法的准确性和高效性来优化供需匹配，最大限度地提高货物、服务、用户三者之间的匹配度，并向具有创新需求的生产者传递各项所需信息。

从本质上来看，数字化经营是一种以用户为中心的经营方式，企业可以通过数字化经营的方式根据用户的实际需求和偏好等信息不断优化生产、分配、交换和消费等社会再生产环节，并在此基础上促进信息流、资金流和物流实现高效流通，进而提高供需匹配效率，达到助力数字经济、实现高质量发展的目的。

近年来，移动互联网的广泛应用为"人""货""场"零售三要素实现数字化提供了强有力的支持，同时也有效推动了各行各业的企业以更快的速度实现线上线下融合和公域私域融合。具体来说，基于移动互联网的数字化经营将供给关系从供小于求转变为供大于求，并将经营的核心从货转变为人，同时也借助基于数据的算法体系提高了"货"与"人"之间匹配的主动性、高效性和准确性。

近年来，大量企业将构建线上线下一体化的用户关系管理与服务体系提上日程，开始采用线上线下融合的经营模式。对企业来说，私域具有免费触达、低成本、可重复利用等特性，有效私域能够为其连通公域触点和私域触点提供强有力的支持。部分采用数字化经营模式的企业会通过公众号、朋友圈、小程序等平台进行商品交易，并在此基础上形成一种具有数字化和独有性特点的商品交易生态。

国际领先的运动品牌李宁积极构建数字化的经营生态，在2012年建立个人计算机（Personal Computer，PC）网页，在2018年开始构建私域体系，并将公众号、门店会员等引入该体系当中，进一步提高用户触达的全面性，到2022年5月，李宁已经通过小程序获取到2000多万用户，并通过使用小程序大幅提高了客单价、用户的复购率和线上交易额，同时也借助小程序为线下门店引流，从而达到助力线下门店提高交易额的目的。

日本服装品牌优衣库也大力推进数字化经营模式落地，2018年，优衣库开始建设包含App和小程序等多种工具的优衣库掌上旗舰店，同时连通公众号、小程序和线下门店等多个平台，实现门店自提、门店急送、门店扫码线上购、线上下单门店自提等功能，为消费者提供全渠道、高质量、方便快捷的消费服务。在这种全新的经营模式下，优衣库可以不断获取新的私域用户，并利用自身遍布全国各地的线下门店来拓宽用户触达渠道，进而实现用户积累。

由此可见，数字化经营能够打破线上与线下、公域与私域之间的壁垒，在数据、算法和算力的支持下进一步提高供需匹配的效率和准确度，进而助力企业革新经营模式，将关注的重点从"货"转移到"人"身上来。与此同时，在数字化经营模式下，企业需要充分确保经营思维的可持续性和经营理念的开放性，并搭建以用户为核心的直接服务渠道和企业专有的数字化经营场域，同时在经营的过程中广泛采集各类数据信息、积累数据资产。

4.3.3 / 业务创新：数字化业务新模式

企业的数字化转型离不开业务创新转变和业态转变在价值获取方面的支持，企业需要充分利用各类新型能力，积极革新业务体系，创新业务模式，推动业务转型，大力发展数字新业务，全方位推进业务向服务化发展，建立具有开放性的价值模式，并支持资源共享，提高对需求的响应速度、满足能力和引领能力，将价值效益提升至最高水平。

具体来说，企业应从价值主张新要求出发，以各项新型能力、系统性解决方案和治理体系为基础，从以下四个视角（如图4-9所示）对业务模式和业态进行创新，从而为自身实现价值获取提供强有力的支持。

图 4-9 数字化业务创新的四个视角

(1) 业务数字化

企业可以将数据作为革新资源配置方式和驱动业务运行的重要资源,并利用数据来提高某一部门或环节中的业务在数字化、网络化和智能化方面的水平,进而实现业务数字化。具体来说,业务数字化主要体现在以下几个方面:

- 在产品/服务方面,企业利用数据提高了产品/服务在状态感知、交互连接以及智能决策与优化等方面的能力;
- 在研发设计方面,企业利用数据实现了数字建模、仿真优化、智能化研发和智能化管理等功能;
- 在生产管控方面,企业利用数据实现了管控智能化、生产/服务活动数字化、生产资源精准配置和生产资源动态调整优化等功能;
- 在运营管理方面,企业利用数据实现了动态优化、智能辅助决策和精准管控各项基于数字化模型的管理活动等功能;
- 在市场服务方面,企业利用数据实现了服务资源按需供给、服务资源动态优化配置和以用户为中心的服务过程的动态管控等。

(2) 业务集成融合

企业可以从价值链、纵向管理和产品生命周期等多个维度推进业务集成融合工作，实现对不同部门、不同层级、不同业务环节中的各项业务的协同优化。具体来说，业务集成融合主要包含以下几项内容：

- 经营管理和生产作业现场管控的集成融合，主要涉及二者之间的数据交互、精准管控和相互配合等；
- 供应链/产业的集成融合，主要涉及供应链/产业链的各个环节之间的数据交互、业务协同优化和智能辅助决策等内容，具体环节包括采购、生产、仓储、销售、运输等；
- 产品生命周期集成融合，在数据的支持下，对各个产品生命周期管理环节的协同优化和动态管控等进行处理，如需求定义、产品研发、产品制造、产品交付、售后服务、回收利用等。

（3）业务模式创新

业务模式创新能够支持各项关键业务实现在线化运行，并通过模块化封装和共享应用的方式充分发挥各项新型能力的作用，革新业务模式，在网络层面为组织内部和外部之间的价值交流提供支持，并构建新的价值模式。具体来说，业务模式创新主要体现在以下几个方面：

- 在智能化生产方面，业务模式创新主要涉及生产过程的智能运营优化以及以平台智能驱动为基础的生产能力协同等内容；
- 在网络化协同方面，业务模式创新有助于企业建立起以关键业务在线化运行为基础的平台技术网络和合作关系网络，让企业可以借助网络对自身与各个合作方之间的关键业务进行动态优化，并提高各方之间的协同性；
- 在服务化延伸方面，业务模式创新能够提高产品的模块化、数字化和智能化程度，并借助互联网平台等网络工具提高企业对用户需求的响应速度和满足能力，从而达到充分快速满足各项动态化、个性化的用户需求的目的。

（4）数字业务培育

企业可以充分发挥大数据、人工智能和区块链等新兴技术的作用，输出各类数字化的资源、知识和能力，并在数据资产化运营的基础上进行业态创新。具体来说，数字业务主要涉及以下几项服务：

- 数字资源服务，主要包括服务于外部的数据查询、数据处理、数据交易和统计分析等服务功能；
- 数字知识服务，主要指充分利用数字孪生、知识数字化和智能化建模等技术手段，建立服务于外部的知识图谱、知识模型和工具方法；
- 数字能力服务，主要指以业务为中心提升各项相关数字能力，促进各项能力进一步实现模块化、数字化和平台化，并在此基础上充分发挥数字能力的作用，为外部提供产品研发、产品设计、产品生产、仿真验证和供应链管理等方面的服务。

4.3.4　数据赋能：打造企业数据能力

数据是支撑企业实现数字化转型的重要资源。一般来说，企业发展过程中会产生大量数据信息，这些数据中既有结构化数据，也有非结构化数据，除此之外，企业还会根据自身需求从外部采集大量数据，并实现基于内部数据和外部数据的数据积累。由此可见，为了成功实现数字化转型，企业需要探索管理和使用数据的有效方法，提升自身的数据能力。

数据能力已经成为企业数字化转型过程中不可或缺的核心能力，就目前来看，各行各业的企业都在积极推进数字化转型工作，需要借助不断增强的数据能力来强化经营、管理、运营等各方面之间的联系，以便由内而外实现全方位数字化，进而达到数据高效赋能业务终端的目的。企业打造数据能力的落地路径如图4-10所示。

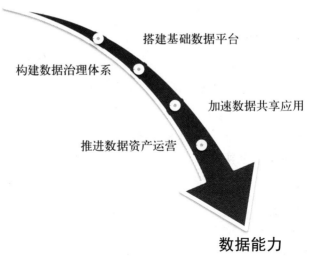

图 4-10　企业打造数据能力的落地路径

（1）开展数字化转型顶层设计

企业需要在高层领导者的引领下，围绕自身战略目标自上而下制定数字化转型战略，厘清当前业务、财务、系统、管理和数据等多个方面的实际情况，构建符合自身发展需求的业务架构、应用架构、技术架构和数据架构，建立数字化的组织管理体系，制定数字化的规划方案和实施路径，并为各项数字化转型工作提供强有力的保障措施。

（2）搭建基础数据平台

为了确保数据架构的完整性，企业需要根据数据架构和应用架构的顶层设计来推进全部业务数据化。在设计数据采集和存储平台之前，企业应充分了解自身当前的应用系统元数据情况，并据此构建数据仓库和数据应用技术体系架构，再从经过评审的具体设计出发，采集和存储各项相关数据，并依次展开开发、部署、测试和运维等工作，同时也要以调研等方式来获取业务报表需求等相关信息，以便根据这些信息建立统一报表查询平台，为各项相关数据的查询和应用提供方便。

（3）构建数据治理体系

数据平台和统一报表查询平台能够在数据层面为企业实现数字化转型提供强有力的支持。为了提高数据的质量、准确性和利用率，企业需要在数据平台和统一报表查询平台的支持下构建数据治理体系，进一步对各项相关数据进行系统性治理。从实际操作上来看，企业应先建立数据认责体系，采集组织、制度和流程的各项相关数据，并从数据标准、数据质量等多个维度全方位推进数据治理体系建设工作，进一步提高数据的可用性和易用性，从而让数据成为支撑企业发展的重要资产。

从建设路径上来看，企业可以从财务数据治理入手，按照建立组织、设定标准、梳理流程、搭建平台、形成文化的顺序来推进数据治理体系和数据资产管理平台的建设工作，并对数据进行长期监控，增强数据质量保证，与此同时，也要制定和发布数据资产目录，为业务部门明确各项基于数据的应用需求提供方便。

（4）加速数据共享应用

为了实现数据共享应用，企业需要先从数据服务方面入手，借助企业服务总线（Enterprise Service Bus，ESB）和应用程序编程接口（Application Programming Interface，API）来进行数据交互，建立成熟的数据安全机制、数据脱敏机制和数据共享机制，为不同体系之间的数据交换提供数据共享接口；其次，企业要从全局出发，明确数据应用方向，设计数据应用场景，并确立数据内部共享机制，根据内部指标体系构建服务于业务、风控、财务等领域的相关数据应用；最后，企业还需利用管理驾驶舱对各项数据进行实时的穿透式管理，同时充分发挥可视化技术的作用，为管理层人员及时获取经营、财务等方面的相关指标数据提供支持，进而在一定程度上提高决策的有效性。

(5) 推进数据资产运营

企业可以借助数据共享应用来提高数据的开放性,并在此基础上构建数据运营体系,为业务人员和非业务人员赋能,支持其主动获取、分析和使用数据。以财务人员为例,可以综合运用盈利质量分析体系、经济增加值(Economic Value Added,EVA)分析体系和智能化管理会计应用为业务赋能。

数据资产运营有助于企业打破数据智能体系、数据驱动体系和数据运营体系之间数据壁垒,实现对各个体系中的数据的综合应用,从根本上提升数据的利用率利用效率,并利用数据为各项业务活动提供支持,建立数据价值的运营闭环和完整的数据生态,充分发挥出各项数据的价值。

对企业来说,不仅要完成技术层面的各项相关数据能力建设工作,更要加强配套组织人才建设和管理体系建设。一般来说,数据能力建设具有持续性的特点,企业应根据自身现状对数据能力建设工作进行动态优化和调整,确保能够源源不断地为不同的层级和业务终端提供各项所需数据,从而在数据层面上为业务运营、业务决策和业务创新提供支持,打造企业数据文化,达到利用数据为数字化转型提供驱动力的目的。

第 5 章

组织变革下的人才培养

5.1 数字化人才：赋能企业数字化转型

5.1.1 数字化人才的概念与内涵

目前诸多企业都处在数字化转型的进程中，由于企业原有的工作流程与业务模式发生了变革，企业的人才需求结构也必然会随之改变。数字化转型使得企业对数字化人才的需求迅速提升，企业开始致力于打造数字化专业人才队伍，为企业的各项活动、流程赋能。

企业数字化转型的成功与否和数字化人才的配备密切相关。数字化人才包含企业数字化转型过程中专业、技能相对互补的跨界人才，也可以理解为，所有可以运用数字技术或数字工具进行业务洞察、推进业务发展的人员。因此，我们可以将数字化人才理解为在数字化时代发展中可以发挥作用的人才，即具备数字化思维、素养与专业技能，可以为企业或组织的数字化转型提供相关支撑的从业者。

数字化人才不仅需要具备数字化的专业知识结构与操作能力，还要能够运用数据化思维与能力来管理、使用多源异构数据。这类人才往往是跨领域专业型人才，可以成为推动企业数字化转型的主要力量。

数字化人才主要有以下三方面特征，如图5-1所示。

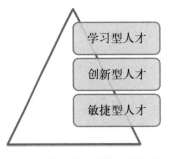

图 5-1 数字化人才的主要特征

（1）学习型人才

数字化时代的到来颠覆了人们以往的经验

与传统的方法，一系列新事物开始涌现，这就需要成员学习新方法、汲取新经验、培养新能力，满足企业在数字化转型过程中对人才的需求。

企业在数字化转型过程中，需要的不仅是会写编程、能敲代码的员工，而是能够随时为自己充电、具有良好的学习态度与方法的学习型人才，这类成员具有较好的适应与调整能力，可以持续学习和转化，逐步成长为企业内部可被重用的人才。

（2）创新型人才

数字化转型不仅是业务、技术、管理等层面的变革，还是商业模式层面的创新，并不是数字化技术的简单应用。

数字化时代下企业间的竞争仿佛一场没有硝烟的战争，而取得胜利的关键就在于创新型人才的争夺，这类人才通常具有系统的数据化思维、广博的数字化知识、高超的数字化技术以及勤奋刻苦的钻研精神，企业在这类人才的助力下能够更快更好地完成数字化转型。

（3）敏捷型人才

竞争环境的日益激烈以及未来发展的不确定性使得企业需要敏捷型人才来帮助解决问题。敏捷型人才是对人才考量的一个重要维度，且该类型人才同样需要前两种类型人才的一些特质与素养。

"敏捷"这一概念最早出现在软件开发领域，目前已被广泛应用于各个领域，它既是一种化繁为简、聚焦重点的思维方式，也是一种"小步快跑、快速迭代"的有效迭代策略。企业中的敏捷型人才可以更好地运用"敏捷"的方法来考虑与处理问题。

5.1.2 / 企业需要怎样的数字化人才

在企业数字化转型的过程中，人才作为直接参与者能够发挥至关重要的作用。尽管各大企业对数字化人才的定义不尽相同,但对于人才的基本素质、能力标准以及各方面素养的要求却趋于一致。按照人才在不同职能中发挥作用的不同,我们可以将这些人才分为管理型人才、应用型人才、专业型人才三类,具体内容如表5-1所示。

表5-1 数字化人才的分类

人才类目	任务/能力界定	人才细化分类	涵盖专业/岗位
管理型人才	数字化转型的直接负责人或组织关键节点的中高级管理者,具有数字化转型的领导力、团队管理能力和项目管理能力	领军人才	董事长、总裁、CEO、总经理、行业领域权威专家
		中高层管理人才	战略、研发、市场、营销、技术、生产、财务等方面的负责人
应用型人才	数字化转型的重要保障,具有技术应用能力、产品能力、协同能力、项目管理能力	战略人才	战略架构规划、业务战略承接、数字化业务场景转化等数字化转型战略岗位
		核心人才	用户体验/方案设计、产品经理、项目经理、业务架构设计师、高级技术员等数字化相关专业技术岗
专业型人才	执行数字化转型相关工作的人才,具有技术能力、产品能力、运营能力以及项目管理能力	专业人才	市场业务拓展专员、销售/运营顾问、产品/项目经理助理等数字化技术相关专业岗位
		育培人才	与数字化相关的岗位的管培生等

(1) 数字化管理人才

数字化管理人才主要指数字化转型的直接负责人,或是企业关键节点的中高级管理者,包括领军人才与中高层管理人才。

数字化管理人才具有数字化的战略头脑与思维方式,可以根据企业的需求以及相关的数据来眺望行业未来、了解市场变化、把握本质问题,从而规划企业蓝图,并积极展开计划,最终监控计划实行。因此,在企业的数字化转型中,不管是企业高层,还是技术团队领导,都需要是数字化管理人才。数字化管理人才既是企业数字化战略的制定者，也是数字化转型的实施者，在整个过程中应起到模范带头作用，不断帮助团队成员提高数字化认知与能力、加强团队间的协调与合作，从而努力达成企业数字化转型的目标。

（2）数字化应用人才

数字化应用人才主要包括战略人才与核心人才，这类人才可以帮助企业建立先进的数字化平台，可以为企业的顺利转型打下坚实的基础。企业的数字化转型不仅需要数字化管理人才，同样需要数字化应用人才。这类人才主要负责提出数字化需求、制定数据标准、定义应用场景、运用数字化工具、输出标准数据，他们不仅要是企业的业务骨干，还需要是熟练运用数字化工具的行家能手。

在企业数字化转型阶段，市场营销、财务管理、人力资源、生产制造以及供应链管理等业务领域，都需引进与培养优秀的数字化应用人才。数字化应用人才要坚持"以终为始"，将数字化技术与应用场景相结合，做到规范输入、标准输出，真正达成"业务数据化"。之后逐步采集数据，通过对数据的融合、计算、处理、分析与挖掘来提高行业洞察力，并在此基础上指导业务开展、优化决策，达成"数据业务化"。

（3）数字化专业人才

数字化专业人才在组织中需在专业指导下完成工作，主要包括专业人才与育培人才。这类人才主要是承担基础性或执行类工作的人才，是通过数字化技术推进企业数字化转型的核心人员，也是数字化应用与产品的创造者与开发者，能够为企业搭建数字化的基础架构与应用环境。

数字化专业人才是企业数字化转型的重要支撑，对企业的业务创新具有关键作用。企业在数字化转型过程中，人员结构也会随之产生变化，专业的数字化人才可以按照企业的需要搭建与维护数字化平台，同时能够及时采集、存储、处理、分析以及治理企业产生的相关数据，通过数据加深对企业发展的洞察，充分发挥数据价值。数字化专业人才主要包含研发工程师、数据工程师、应用架构师、算法工程师、前端设计师、硬件工程师、产品经理等，企业对这类人才的挖掘和培养需要聚焦在数字化专业技能的打造上。

人才在企业的数字化转型中起着关键作用，是数字化变革的核心驱动力。但值得注意的是，环境对于人才的影响也不容忽视，处在不同的组织与环境中的个体能发挥出来的潜能是不同的。目前一些企业传统组织机构的"部门墙"难以打破，协同效率低，数字化人才生态难以建立。现在很多企业在选人、用人时会通过强调丰厚的待遇和较高的薪酬来吸引人才，却忽视了通过环境、组织、流程的改变来为人才搭建一个良好的发挥才能的平台。事实上，对于企业的数字化转型而言，依靠"重金"与"伯乐"而吸引到的人才所能发挥的作用并不大，只有建立起平台化、网状化的数字化组织，构建起自驱、赋能、协同、共生的数字化环境，才能够从根本上激发出人才的主观能动性与强大创造力，进而推进企业的转型进程。

数字化人才与数字化组织两者间是对立统一的关系，数字化组织能够有效激发数字化人才的潜能；数字化人才也能够影响或改变企业的客观环境。因此，在企业数字化转型的浪潮中。企业的每位员工都应树立变革意识，勇于改变、敢于改变，同时培养持续学习的习惯，不断充实提高自己，不断强化自身的数字化专业技能以及数据思维能力。

5.1.3 / 数字化人才培养面临的挑战

在这个数字经济已然成为全球经济增长新引擎的时代，人才成为企业数字化转型中的核心驱动力与重要资源。目前，我国各大企业迫切需要数字化人才来完成企业的数字化转型，对数字化人才的需求量激增。但另一方面，我国企业数字化人才的培养还面临着不少挑战，主要可以概括为以下三方面，如图5-2所示。

图 5-2　数字化人才培养面临的挑战

（1）数字化人才短缺

随着各产业数字化转型进程不断加快，各企业数字化、智能化的相关岗位大批涌现，对数字化人才的需求与日俱增，但目前我国数字化人才依然十分短缺，无法满足企业现阶段的需求，制约了数字经济的发展进程。

根据《产业数字人才研究与发展报告（2023）》显示，目前我国数字化人才缺口大概在2500万到3000万，而且这个缺口还在继续变大。企业普遍面临着数字化人才需求量大、保有率低的尴尬局面。数字化人才稀缺已经成为企业数字化转型过程中的一个重大阻碍。

（2）数字化人才素质亟待提高

近年来，我国推出了一系列相关政策来支持数字化人才的培养，国内一些高校也纷纷开设数字化相关的专业与课程，希望为企业、社会输送数字化人才，加快我国数字化转型的进程。然而，数字化技术与应用跨越多个领域、多个学科，需要多方联动，所以相关课程很难达到预期效果。高校学生由于缺乏实践与岗位经验，也很难将所学知识与技术应用充分结合，这就造成高校培养的数字化人才无法满足市场需要与企业需求。因此，要加快数字化人才素质的培养与提高。

专业的数字化人才在进行数字化建设与业务联通时也颇为吃力，这是因为企业的业务层面一般壁垒很高，特别是一些传统行业，如果技术人才不精通业务，就很难与业务团队进行良好的沟通与协作，从而难以取得理想成果。因此，企业不仅要让专业的数字化人才多接触业务，也要在业务部门用心挖掘有数字化潜力的业务骨干，通过相关培训学习培养其数字化素养、锻炼其数字化思维、提高其数字化能力。

（3）企业迫切需要数字化转型

市场环境的复杂多变与经济的低迷萎缩导致企业订单减少，很多企业迫不得已停工、裁员等。因此，企业不得不通过变革、转型等途径获得内生动力，进而开辟一条新的出路。在这种背景下，数字化的优势开始显现，企业迫切需要数字化转型。

企业之所以要进行数字化转型，说到底还是为了降本增效，追求利益的最大化。基于此，企业在培养数字化人才时要注意与一线业务场景相结合，秉持"从业务中来，到业务中去"的理念来培训数字化人才。在激烈的数字化转型竞争中，数字化人才要将自身的数字化能力与各场景进行融合，通过技术实现业务的数字化升级，同时快速发现数字化转型竞争中的关键切入点。优秀的数字化人才应兼具数字技能与专业技能，而且能够将数据化的创造思维与企业的一线业务很好地融合起来，为企业与社会创造价值。

简言之，在数字化人才短缺的客观环境下，企业要及时盘点与整理自身对于数字化人才的需求清单，但不能仅凭借向外引进或社会招聘来破解数字化人才短缺这一窘迫局面，还要注重内部优秀员工的选拔与培养，双管齐下地解决数字化人才短缺这一问题。

5.1.4 / 数字化人才培养的实践路径

企业作为培养数字化人才的主力以及数字化转型的主体，要恰当地进行决策与抉择，争取在竞争激烈的大环境下建立与培养一支可以为企业赋能与创造价值的数字化人才队伍，具体可以参照以下实践路径，如图5-3所示。

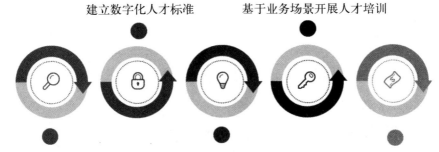

图 5-3 数字化人才培养的实践路径

（1）建立数字化人才体系

企业要清醒地认识到，唯有构建一套专业化、职级化、梯队化、年轻化的人才培养体系，方可为企业的数字化转型提供保障。同时，企业在培养数字化人才时要始终以企业的战略愿景为核心，使其成为企业战略目标落地的关键。

（2）建立数字化人才标准

数字化人才的培养与管理的重点就在于数字化人才标准的设立，这类标准能够检验数字化人才的多维能力，如数字化应用能力、数字化实施能力以及数字化管理能力等。同时，随着外部环境的改变与经营战略的调整，企业可以随之调整自身的数字化人才标准，并根据不同的职能岗位设置数字化人才能力素质项。

（3）确定数字化人才能力素质项

企业要在已有的数字化人才标准的基础上建立数字化人才盘点与评估体系，全面掌握企业的数字化人才现状，进而组织人才并进行统一的系统化管理。根据建立好的数字化人才标准来评估岗位人才，通过人才盘点评估的结果来与标准体系进行对比，继而确定数字化人才的培养与发展，保证数字化人才的供给，满足企业战略目标对数字化人才的需求。

（4）基于业务场景开展人才培训

数字化时代下，数字化人才的培养要坚持"从业务中来，到业务中去"的原则，即从业务中承接业务化场景，再回到业务里用业务检验培训成果。企业要致力于培养技术与业务相结合的复合型数字化人才，从而为业务端赋能。此外，内部的优秀人才不仅要拥有较高的技术水平，也要积极地在项目中学习业务，推动数字化项目不断发展。

业务端的人才骨干也要不断提高数字化能力。企业的发展转型与业务的落地执行离不开业务的支持，因此企业要研发相关的培训课程，收集一线的业务场景，制定与企业业务贴合的业务实训，使一线的业务团队真正可以通过培训、实训等得到提升，使数字化人才的能力与企业的要求相符合。为充分调动业务人员与团队学习的积极性，企业研发的课程应与一线业务场景充分结合，让业务人员通过培训可以快速应用于实践。

企业在数字化转型变革中，可以通过工作与学习相结合的模式来对人才进行数字化培训，努力培养业务能力与数字化复合能力俱佳的复合型人才。为进一步提高企业的竞争优势与业绩水平，企业也要努力打造数字化核心人才以提高企业的生产、运营以及管理等环节的数字化能力。

（5）制定数字化人才留存策略

数字化转型既是一种变革，也是一种创新，它涉及各类新方法、新技术、新模式等，完成转型注定是一个漫长的过程。企业的数字化人才培养要秉持"以用为本"的理念，因为企业的数字化转型是不断迭代的，在整个过程中要保证企业与人才共同成长与进步。

① 构建学习型组织

为了持续推进企业内部数字化人才的培养，企业需要构建可持续性的学习型组织，通过搭建内部学习社群等方式来培养员工的学习兴趣和学习积极性，相互分享数字化技术生态，形成数字化人才的自生长生态圈。

② 创建学习型文化

企业可以通过内部的培训资源鼓励员工自主研发相关培训课程，提高其自主学习的能力，促进其知识与应用技能的提高，为其建立终身化的学习模式，创建企业内部的学习型文化。

③ 打造驱动型机制

在推进企业数字化转型的过程中，企业要充分调动内部人才的能动性与创造力，提高其自主攻关、求实创新的能力，培养其主人翁意识，增强其工作过程中的体验感与满足感，打造长期的驱动型机制。

5.1.5 / 数字化人才建设的典型案例

（1）案例1：基于人才分类的数字化能力模型

基于人才分类的数字化能力模型可以为企业引进或培养人才提供全方位的能力参照标准，是数字化专业人才评价标准的重要组成部分。建设数字化专业能力，最重要的是以明晰的、紧跟时代的专业能力标准为参照，构建由计划到实施的全流程人才价值周期管理体系。企业要对专业人才进行分类，找出其在不同业务场景下的核心成功要素，由此构建专业能力标准，具体实施流程如下：

① 进行人才分类

企业首先要系统地考虑数字化转型的整体能力框架，通过对不同专业领域特征的研究来构建人才序列，即完成专业人才的分类。

② 提炼核心能力

在分类完成后，以人才的定位、角色与工作内容为起点，结合相关的重要活动来分析考察各业务场景中核心的成功要素，继而提炼出不同角色在转型中所要具备的核心专业能力。

③ 培养数字化技能

企业的数字化转型要求内部员工具备新的数字化的专业技能，所以一定不能忽视新一代数字化技术对专业人才能力上的要求。

某通信科技公司提出相关方案以高效培养人才的专业化数字能力，该方案强调两点：一是建设包括学习平台、学习内容、学习体验、学习模式在内的全面人才发展体系，如图5-4所示；二是注重数字化领导力发展策略，运用以知识分享、文化、授权、冒险、培养人才与矩阵式管理为核心的适应性领导力来培养人才。

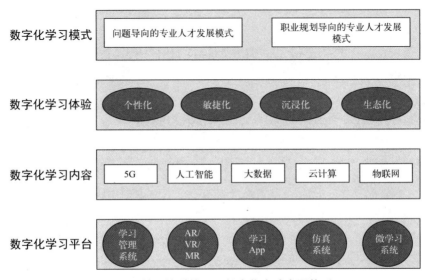

图 5-4　某通信科技公司数字化人才发展体系

（2）案例2：技术胜任力和跨职能胜任力模型

在数字化转型的过程中，为了保证企业运转良好，企业不仅要保证当前业务有序开展，还需要推进新业务发展与日后工作模式的革新。

某电气公司的人才战略便是如此，该电气公司经过分析与梳理，推出了两种胜任力模型，即数字化人才技术胜任力模型和跨职能胜任力模型,并定义了13种数字化转型的核心能力,如图5-5、图5-6所示。

图5-5 某电气公司数字化人才技术胜任力模型

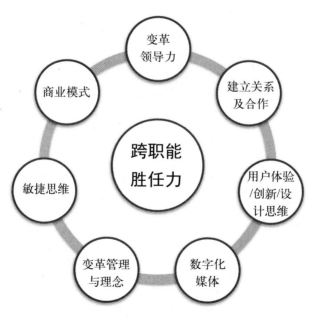

图5-6 某电气公司数字化人才跨职能胜任力模型

根据这13种数字化转型胜任力，该电气公司创造了具有普适性的学习平台We Learn，该平台的覆盖面较高，可以匹配适用性较高的课程内容或游戏化运营，是一个可以激发员工自学动力的有效工具。与此同时，该公司还打造了智能化的学习平台My Transform，以个性化学习为支撑，依靠精确的数据与精品的内容，为不同员工进行个性化课程定制，提供专属的学习方案与学习地图。

该电气公司还建立了数字化人才社群，以社群的运营驱动和创新来带动业务的增长与人才的成长。从2019年下半年开始，已经有超过2500位数字化人才进入该社群，通过内容与KOL（Key Opinion Leader，关键意见领袖）来不断打造与运营社群，并打造专业圈层，发布零工项目。该企业也十分重视公司内外部的创新，积极展开各方面的培训与交流，比如物联网、人工智能、5G以及数字化运营等方面，力求充分调动所有数字化人才的参与积极性。

（3）案例3：数字化营销产研能力模型及应用

在数字化转型过程中，传统制造企业比较讲求务实，在进行数字化能力建设时会紧密贴合企业的实际需要。这类企业首先会分析自身的数字化能力现状，然后从数据处理和应用开始有条不紊地进行各工作岗位、业务条线的数字化能力建设。

传统制造企业在数字化转型的具体实践中，通常会依照固有的业务流程与数据应用场景来确立人才的数字化能力要求，同时还会采用考核评估、辅导培训等方式来确保人才的持续学习与实践，整个过程可以归结为树标杆、建模型、找差距、补短板、建机制。企业在数字化转型时，可以多学习一些先进企业数字化人才能力培养方面的成功经验，先建立好覆盖各岗位的数字化能力模型，将数字化能力进行细分，进而确立相关的评估标准，同时可以将各能力等级以量化指标的方式进行评估。图5-7所示为某企业的数字化能力模型。

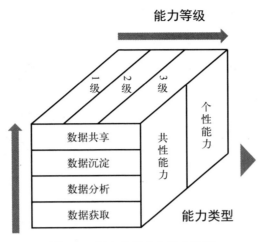

图 5-7 某企业数字化能力模型

图中所呈现的数字化能力模型广泛用于企业的人才培训、人才测评、企业招聘以及职称评定等众多领域。这种能力模型之所以能够得到快速的推广与实施，主要是因为其通过竞赛激励、评优评级等方式将人才的数字化能力与个人的切身利益紧密地结合起来，与此同时，该企业还会创建数字化能力培训相关的课程体系、举行各类分享会、打造系统与工具来不断推进员工数字化能力建设的广度与深度，为业务人员进行数字化赋能，提升企业整体的数字化能力。

5.2 / 工作重塑：员工职业生涯发展管理

5.2.1 / 技术革命：新职业 vs 旧职业

企业应该在推进数字化转型工作时加大对员工的关注度，借助数字化技术和平台更有效地帮助员工进行职业生涯管理，增强员工的责任感，提升员工的潜力、创造力、成就感、幸福感，进而提高员工职业生涯发展的可持续性，在充分体现人性化的组织管理特色的同时强化企业整体竞争力，从而达到员工与组织双赢的目的。

当技术发展速度较慢且职场环境变化较小时，员工的职业生涯具有较强的可预测性，员工可以根据自身掌握的信息来获得职业发展预期，并在此基础上进行职业发展规划，在这种情况下，大多数员工倾向于减少职业变动。随着科学技术的快速发展，社会对掌握各项拥有新技能的劳动力的需求越来越大，同时部分落后技术逐渐被淘汰，因此无法跟上技术发展脚步的劳动力也将面临失业。近年来，技术的革新速度不断加快，职场环境的复杂度和预测难度大幅提高，这严重影响了个体职业生涯发展的持续性和稳定性。与此同时，许多旧职业正在逐渐消失，一些新职业也不断涌现。对企业员工来说，为了提高自身职业生涯的稳定性和可持续性，需要进一步加强职业生涯管理，积极学习各项新知识和新技能，提升自我职业素养，强化个体在整个人才市场中的竞争力。

技术的不断进步加快了低技能职业的淘汰速度，比如，企业可以利用互联网平台来与产业上下游的各个参与者进行高效交互，因此对普通业务员的需求大幅降低；再比如，无人超市和自动贩卖机的推广应用会对服务类职业造成一定的冲击，导致部分服务人员的职业生涯被中断。

美国斯坦福大学在"2030年的人工智能和生活"中指出，未来人工智能可能会在许多行业当中代替人类进行工作。根据麦肯锡全球研究院的调研数据，目前全球可完全自动化的工作尚且低于5%，但是在所有职业中，60%的职业都存在不低于30%的工作可完全实现自动化。

就目前来看，在制造业、餐饮业、旅游业和零售业等行业的一些低技能需求职业中，人工智能和自动化技术拥有十分广阔的应用空间，能够在稳定性和可预测性较强的环境中代替人类完成体力劳动、数据收集和数据处理等具有机械性、重复性等特点的工作。

英国广播公司（British Broadcasting Corporation，BBC）以剑桥大学的两位人工智能领域研究者的数据体系为基础计算出了三百多种职业被人工智能取代的概率，数据显示，电话推销员、打字员、会计、保险业务员和银行职员等具有单调、重复、对天赋要求低、工作空间小等特点的职业最易被人工智能替代。

在旧职业逐渐消失的同时，数字经济的快速发展也催生了许多新职业。2015年7月，我国重新修订颁布《中华人民共和国职业分类大典》，并陆续将74个新职业列入其中。具体来说，各项新职业大多与大数据和人工智能等新兴技术相关，由此可见，未来的工作岗位与数字化、跨界融合和数据驱动等内容之间的关联将越来越密切，对个体所拥有的数字化技能的要求也将越来越高，员工可能需要通过人机融合等方式来完成各项工作。

随着数字化技术的快速发展和企业数字化转型的不断推进，企业对数字化、复合型人才的需求进一步增长，企业员工必须通过技能重塑等方式来学习和掌握更多新的知识和技能，紧跟数字化时代的发展步伐。但就目前来看，整个职业环境中存在许多由数字经济和传统经济融合而成的新职业，且这些新职业大多具有不确定性高、培训体系不成熟等特点，因此这些新职业的从业者大多难以明确规划自身的职业发展路线，因此企业需要及时了解相关员工的想法和需求，并为其提供相应的学习渠道和个人发展平台，帮助员工强化个人职业素养，规划职业发展路径。

5.2.2 / 实现组织与个体的"价值共生"

当前企业中的新生代员工是伴随互联网的发展而成长起来的，其思维方式、获取信息的习惯等与老一辈员工存在较大差别。随着步入职场的新生代员工越来越多，尤其是许多新生代员工已经在企业中担任重要职务之后，为了获得更好的发展，企业需要紧跟时代发展的步伐，根据实际情况对员工管理体系进行优化调整。

（1）新生代员工的职场诉求

新生代员工与老一辈员工在代际特点上存在许多不同之处。具体来说，一方面，新生代员工获得的物质条件较好，在求职择业方面也拥有更多资本，能够以开放的心态进行多元化的职业探索，对职业发展生涯规划和自我价值实现的重视程度较高，具有更加明确的个人职业发展目标和规划，同时对职业生涯发展的稳定性和持续性的要求也更高；另一方面，新生代员工的成长环境更易于通过互联网来接触各类知识和学习各种技能，因此新生代员工对于利用网络来获取所需信息和学习各类知识技能的接受度和熟悉度更高，具有更强的学习能力、更开放的态度和更快的数字化环境适应速度。

为了强化自身竞争力，组织应积极了解新生代员工的职业发展需求，并有针对性地改进自身管理理念，在资源层面为员工提升职业素养和管理职业生涯提供支持，与员工携手共同解决各项数字化发展难题，大力推动组织实现健康、快速、稳定发展。

（2）打造员工成长与组织发展的共同体

随着新生代员工逐渐成为企业的主力军，组织内员工的职业生涯发展边界逐渐模糊，方向也逐渐灵活多变。一般来说，能力越强、素质越高的员工越容易受到企业的青睐，也是备受各个组织欢迎的人才，与这类员工对组织的依赖性相比，组织更需要这些员工的加入，因此这类较为优秀的员工大多可以根据自身的职业发展需求跳槽到更适合自己公司。

因此，在人才开发和职业管理环节，组织需要花费一定的资源帮助员工提高其个人能力，若员工出现离职跳槽等情况，那么组织将会面临人才培养成本难以收回的问题，因此部分组织要求员工自主进行职业生涯管理。但从另一个角度上来看，当组织能够为员工提供能力提升和自我价值实现的机会且具备公平、公正、公开的职业晋升制度时，员工离职跳槽的可能性将大幅降低，同时经过培训的员工也能够为组织带来更高的绩效。

新的职业生涯规划有助于调动员工的自我职业生涯管理积极性，提高员工对自身职业发展情况的关注度。对此，企业可以引导员工先深入了解自身所处岗位在组织内部的发展前景，并据此设立相应的职业发展目标，以便有针对性地提高自身能力，强化自己的竞争力。一般来说，员工的选择会直接受到组织相关管理体系以及该体系各项内容的实际落实情况的影响，对员工职业生涯管理的重视程度较高且相关管理策略的实践情况较好的企业通常是大多数员工争相选择的对象。所以，企业在追求能创造更多价值的员工的同时，也应该拥有指导员工职业发展、提供职业资讯、进行职业生涯相关培训的能力，还要针对这些指导性帮助建立反馈机制，让员工切实受益于企业的职业生涯服务，这样才能保持对人才的吸引力，尤其是具有较强的流动意愿和无边界意识的员工对这种组织的认可度更高，员工在这种组织中长期发展的意愿也更强。

良好的组织职业生涯管理有助于员工积累个人职业资本，提高员工的成就感和投入程度，也能够帮助组织从员工处获得更高的组织承诺，此外，员工自身也应该对职业生涯发展有一个清醒的认识，由此能够帮助组织合理利用职业资源，对员工的职业生涯进行规划。也就是说，组织的职业生涯管理和员工自身的职业规划是相辅相成的，两者的耦合程度关系到员工的工作热情、工作效率，还决定着员工的自我价值能否实现，组织与个人都是职业生涯管理的受益者，也都需要对职业生涯管理的效果负责。

总而言之，在数字化转型过程中，企业需要积极推动个体职业发展与组织发展的一体化，加强二者之间的联系，提升员工在工作中的成就感和幸福感。

5.2.3 / 职业生涯重塑的模式构建

数字化技术在各行业中的应用促进了工作类型、工作方式等的发展，同时也改变了职业环境和职业关系。因此，企业亟须对传统的自上而下的管理模式进行改进。从实际操作层面来看，企业也需要了解并满足员工需求，充分发挥"工作重塑"的作用，进一步提高员工的主动性，增强员工的工作活力。

具体来说，工作重塑主要涉及任务重塑、关系重塑、技能重塑和认知重塑四项内容，如图5-8所示。

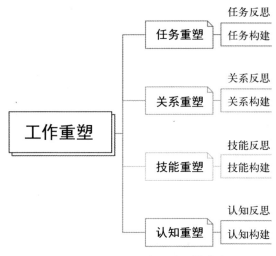

图 5-8　工作重塑主要涉及的内容

- 任务重塑指的是对工作量、工作范围或工作形式进行调整；
- 关系重塑指的是赋予员工更多权力，让员工自己决定工作方式，根据自己的情况灵活挑选工作对象、设定工作目标，以保证工作的效率与效果；
- 技能重塑指的是员工以更好地开展工作为目的提升自身已掌握的工作技能或增添新的工作技能；
- 认知重塑指的是改变对工作任务的看法。

（1）职业生涯的任务重塑

职业生涯的任务重塑主要涉及任务反思和任务构建两项内容。
① 任务反思
任务反思就是员工对自身的人生追求、职业生涯发展目标和职业生涯的阶段性任务等内容的反思。

一般来说，传统职业具有长期稳定性的特点，从业人员的职业生涯通常具有较强的可预期性，大多数从业人员会长期在同一个组织中工作，由此可见，传统职业能够在一定程度上满足员工在职业生涯的稳定性和持续发展方面的要求。

随着数字化时代的到来，平台经济飞速发展，各类自由职业不断涌现，职业选择更多样化，这导致一部分人难以快速明晰自身在职业选择方面的实际需求和发展目标。在数字化时代，个体应提高自身对环境变化的适应能力，积极学习各项新技术，根据自己拥有的能力、资源以及对未来的预测，将职业生涯分成几个阶段，每个阶段都有需要完成的职业发展任务，都有当前阶段需要解决的首要问题，以逐渐实现自身的良好发展。同时，还要明确自己在目前行业中处在哪一个层次，根据实际情况选择适合自己的目标职位，并不断调整职业规划的细节。

② 任务构建

对于员工个人，在设计职业生涯规划、设定当前阶段目标之外，还要总结当前阶段的成果，明确在哪些方面有所欠缺，再调整职业规划的具体内容，了解和学习更多有利于自身职业发展的知识和技能，同时也要进一步提高职业生涯目标规划的可操作性，加快各项规划的落地速度，优化规划实施效果。

具体来说，员工需要先明确自身定位和所选职业的特点，再完成任务反思，并在此基础上制定职业生涯阶段性目标，确保所选职业符合自身定位。在数字化时代，部分个体可能会出现无法及时适应环境变化的问题，导致其在就业市场中丧失竞争力，最终被就业市场淘汰。由此可见，为了获得更多职业选择机会，个体应积极了解与自身职业相关的新知识，广泛学习各项相关知识和技能，关注就业市场变化情况。

（2）职业生涯的关系重塑

职业生涯的关系重塑主要涉及关系反思和关系构建两项内容。

① 关系反思

关系反思就是个体对与自身职业生涯相关的人际关系的和谐性进行分析判断并在此基础上尽可能规避人际冲突。具体来说，人际关系主要包含与自身职业发展相关的同事、领导、合作伙伴以及有助于自身职业发展的家庭关系和社会关系网，是员工职业生涯发展过程中不可或缺的资源，能够在一定程度上影响员工的未来发展和职位晋升。

为了在人际资源层面为自身的职业生涯发展提供有力的保障，员工对自身能够调动的人际关系与其他资源要有系统的认识，既要明确哪些资源可以放心利用，也要学会如何合理地利用资源；也要及时发现不利于职业发展的负面资源，防止这些资源对自身的职业发展形成阻碍。

在数字化时代，职业生涯关系在以下两个方面呈现出一些新的特点：一方面，数字化技术的应用革新了人们的交流方式，让人们可以以虚拟化的方式进行远程沟通，但同时也在一定程度上切断了人与人之间的情感联系；另一方面，人机协同能够有效提高工作效率，但同时员工也需要花费一定的时间和精力学习和掌握人机交互的方法，确保机器能够为自身的工作提供便利。

② 关系构建

员工在完成职业生涯关系反思的基础上还应合理构建职业生涯关系，以为自身的职业生涯发展提供助力。从实际操作上来看，员工需要自发扩大交际圈，针对自身职业生涯发展的需求来构建人际关系，并积极维护有助于职业发展的人际关系，及时切断不利于职业发展的人际关系，同时也要进一步了解工作所需的智能机器，建立良好的人机关系，增强信任，增进对各种工具的了解，学会利用智能系统提高自己的工作效率，加强智能机器方面的职业素养，以实现后续的自我发展。

（3）职业生涯的技能重塑

技能重塑包括两个方面，分别是技能反思与技能构建。

① 技能反思

技能反思一方面是指员工对自己工作过程中需要使用的技能的水平有着全面的了解；另一方面还指员工将目前职业技能的掌握情况与当前或今后职业生涯规划的要求相比较，明确何时可以掌握。数字化技术在职场中的应用改变了传统的工作模式，同时也产生了新的技能需求，因此员工需要广泛关注自身所处职业领域的技术发展情况，及时反思自身当前掌握的知识和技能能否满足自身的职业成长需求并支撑自己达成职业发展目标。

② 技能构建

员工在完成职业生涯技能反思的基础上还应进一步增强自身的学习能力，借助技能构建来学习更多有助于职业生涯发展的知识和技能，确保自身在技能方面能够达到职业发展要求，以便实现自身的职业生涯发展规划。在数字化时代，职业替代逐渐成为威胁较大的职业风险，尤其是在一些具有单一性、流程化和创造性低等特点的岗位中，人工智能能够代替人类更好地完成工作任务。

为了强化自身的竞争力，员工需要不断学习自身所处职业领域的先进技术和新知识，提升自身的创造力，明确完成创造性工作的有效方法，并重新认识自身所处职业所需的知识和技能，找出自身在技术和能力方面的不足之处，并有针对性地进行学习和提升。

在数字化时代，员工不仅要提升自己的专业技能和通用素质，还需增强自身的适应能力，快速适应数字化的职场环境，并及时了解社会需求，使自身的职业选择、个人兴趣和才能等始终与社会需求相匹配，防止出现被社会和人才市场淘汰的问题，从而充分确保自身职业生涯的稳定性和持续性。

（4）职业生涯的认知重塑

职业生涯的认知重塑主要涉及认知反思和认知构建两项内容。

① 认知反思

认知反思是指员工需要了解对职业生涯的认识与规划是否全面、是否适合目前从事的职业、当前阶段的职业生涯规划是否有利于总体的职业规划、职业生涯各阶段目标是否连续。近年来，各类新兴技术的应用引发了人们的思考，许多员工开始思考技术变革下未来职业生涯的发展情况，并试图获得更强的职业安全感。

为了确保自身职业生涯实现可持续发展，员工需要反思自身工作继续下去的意义，定期分析前一阶段职业发展的目标是否实现、取得了什么成果，并分析上一阶段制定的发展目标是否符合当前职业的发展特点。

② 认知构建

认知构建指的是员工在完成认知反思的基础上对自身的职业生涯进行重新规划，确保职业发展的可持续性。具体来说，一方面，员工应对自身职业和工作进行重新定义，明确自身定位；另一方面，员工应明确自身职业发展方向，自主引领自身职业发展，提高自身职业生涯的可持续性。

5.2.4 / 数字化赋能员工职业生涯管理

数字化技术的发展和应用为企业和员工带来了许多挑战，但同时数字化时代也充满了机遇。对企业来说，可以充分发挥数字化技术的作用，利用数字化技术激发员工的潜能，为员工的职业生涯管理提供支持。与此同时，企业还可以利用数字化技术和数据资源来推动职业生涯管理走向信息化、流程化和定制化，并通过为职业生涯管理关键机制赋能的方式来对各项管理实践活动进行升级，进而打造具有高效性、人性化、持续化等特点的职业生涯管理体系。对员工来说，数字化技术的应用有助于其进一步提升自身的职业生涯管理效能，并为未来的职业发展提供支持。

总的来说，数字化转型下的职业生涯管理具有信息化、流程化和个性化的特征，如图5-9所示。

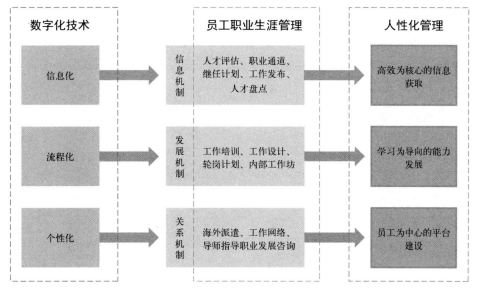

图 5-9 数字化转型下的职业生涯管理

（1）信息化

数字化职业生涯管理的信息化指的是以数字化手段实现对各类数据的读取、传输和储存，让信息编译更加迅速、更加便捷。将数字化特征融入获取信息的程序中，有助于员工快速获取职业生涯相关信息，使信息获取更加稳定、效率更高。

对组织来说，信息化技术可以对员工职业生涯管理实践过程中所涉及的人才评估、职业通道、继任计划、工作发布和人才盘点等信息进行转化，提高信息的数字化和标准化程度，并利用这些信息构建人才梯队数据库，以便全方位掌握组织内部各个岗位的人才缺口，充分了解各类人才的优势和不足。

与此同时，经过数字化处理的职业生涯管理资料还能够为组织内部的统计和汇总工作提供方便，根据处理后的职业生涯信息有计划地招聘相关人才，并实现针对性培养。此外，组织还能建立信息化的职业通道、继任机制和工作发布方式，并提供合理的反馈途径，供员工在工作过程中随时反馈问题、意见和漏洞，并在此基础上为员工把握自身在组织内部的职业发展情况提供支持，帮助员工获取更多工作机会，同时也可以提高员工的工作积极性和各项培训活动的针对性，从而达到减少招聘成本支出和提高工作效能的目的。

除此之外，信息化的职业生涯数据可以让组织的人力资源管理更加灵活。在进行组织的人才梯队建设时，动态数据盘点可以作为一种方法，将员工个人的职业生涯管理和企业宏观的人力资源管理结合到一起，以便对各个业务板块进行实时监测，对人员比例变化进行跟踪，从而实现对人员比例合理性的有效分析。

（2）流程化

数字化职业生涯管理的流程化指的是以科学合理的方式推动组织工作流程实现数字化转型。具体来说，流程化有助于企业提高系统监控和记录的客观性，让组织能够以更加科学的方式对各项工作进行优化调整，进而达到提高工作效率和资源利用效率的效果。在流程化的支持下，组织可以利用数字技术构建科学合理的人才培养流程，为员工的能力提升和职业发展提供支持。不仅如此，流程化还可以融入员工职业生涯管理的能力发展机制中，帮助员工学习到更多的知识和技能，进一步提升工作能力。

企业可以通过信息化人才梯队数据库了解企业自身以及各员工当前的不足，并据此制订相应的人才培训计划，设计符合自身以及员工发展需求的工作培训、岗位设计、轮岗计划和内部工作坊，并有针对性地改进自身发展战略，以便为员工、部门和组织的发展提供支持。

从实际操作上来看，企业应针对员工需求和组织需求来制订流程化的员工培养计划，对岗位和员工进行客观分析，并根据分析结果来进行专项培训，提高培训资源的利用率；同时，也要确保培养流程的系统性和客观性，并对员工的能力变化情况进行记录，从而在此基础上实现对能力发展效果的精准评估，再根据评估结果建立对应的培训反馈机制，确保培训达到预期效果。因此，运用数字化技术不但能帮助员工提高个人能力，还能帮助组织提高宏观人力资源水平，助力高质量团队的建设。

(3)个性化

个性化指的是企业遵循以人为本的原则,为组织内的所有员工专门设计相应的发展计划,并加强组织与社会及组织与员工之间联系。站在企业的角度,应该将个性化寓于职业生涯管理的关系建构程序中,引入社会关系平台供员工自我发展,还要以海外派遣、生涯指导、职业规划咨询等形式帮助员工建立社会关系网络,充分满足员工个性化的社会网络建构需求。

此外,职业生涯管理的个性化也能够体现数字化时代去中心化的特点。数字化时代的职业生涯管理主要围绕员工发展来强化组织内部员工之间的社会连接,能够有效提高组织的凝聚力。

5.3 / 数字化HR:重构传统人力资源管理

5.3.1 / 数字化HR的金字塔模型

人力资源管理的数字化指的是企业充分发挥信息技术、数字化技术和人工智能等技术的作用,对各人力资源管理环节进行优化升级,提高人力资源管理的数字化、数据化、智能化和流程化水平,进而提升管理效率、管理质量和管理精度,并在人力资源管理的层面上为企业实现战略目标提供有效支撑。一般来说,人力资源管理数字化主要涉及招聘管理、培训管理、绩效管理、员工关系管理、薪酬福利管理和人才发展等方面的数字化升级。

图5-10所示为人力资源管理的数字化变革"金字塔"。其中,数字化技术位于"金字塔"的底层,能够为人力资源管理数字化变革提供技术层面的支持;业务流程再造位于中间位置,具有闭环式的特点,可以将企业置于新的

商业流程中，为新型人力资源管理提供实践环境；最上层是生态思维，可以从根本上改变用工管理模式，推动人力资源管理的数字化革新。

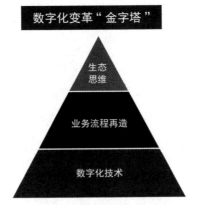

图 5-10　人力资源管理的数字化变革"金字塔"

（1）数字化技术

企业可以借助数字化技术全方位提高整个人才管理生命周期的数字化程度，从选人、育人、用人和留人四个阶段入手，减少在人力资源管理方面成本支出，并实现高效的人力资源管理。具体来说：

- 在选人阶段，人工智能技术的应用能够帮助企业精准高效筛选求职者简历，并完成面试工作，同时也能够基于从简历和面试中获取到的各项信息绘制求职者人才画像，从而为企业快速完成候选人定位提供支持；
- 在育人阶段，企业可以充分发挥数字化培训和信息跟踪反馈等数字化技术手段的作用，有针对性地进行人才培养和开发，提高人才质量；
- 在用人阶段，大数据技术的应用能够广泛采集和分析各项数据，在数据层面为企业的绩效考核工作提供支持，让企业可以根据立体化的考核标准来对各个员工的责任感、忠诚度、创新能力和业务成果等进行评估；
- 在留人阶段，企业可以综合运用个性化激励和团队激励来提高自身对各类人才的吸引力，进而留住更多高质量人才，达到丰富人才储备的目的。

近年来，各类数字化技术在招聘管理、培训管理、绩效管理、薪酬福利管理和劳动关系管理等方面的应用日渐深入，同时数字化技术的应用也推动了人力资源管理模式的革新。

（2）业务流程再造

数字化的人力资源管理能够帮助企业实现招聘、入职、培训、管理、离职的闭环，并提高这一过程的自动化、在线化、智能化水平。详细地讲，就是加强端对端流程中各个环节的联系，原本每一个环节的开展都受上一个环节的影响，也推动下一个环节的进行，业务流程再造就是使这一流程更加顺畅地进行，提高每一个环节的灵敏程度与整个流程的自动化程度，优化人力资源的配置情况，重塑企业的业务流程。

随着时代的发展，工作模式不断革新，传统的业务流程逐渐无法充分满足新的工作模式的需求，因此企业需要利用各类新兴技术进行业务流程再造，进一步提高业务流程的自动化和敏捷化程度。

2019年10月，信息技术研究和分析公司Gartner在《2020十大战略科技发展趋势》中提出"超自动化"的概念。Gartner认为，超自动化指的是借助机器学习和人工智能等现代化技术来达到更高的智能化水平的流程自动化。一般情况下，超自动化的实现会让工作的自由程度提高，赋予员工工作热情，使其更具有创造力，也能借助大数据和算法的使用，推动人力资源管理数字化水平的提升，尽早进入元宇宙阶段，从而让人力资源管理场景能够与时俱进。

（3）生态思维

人力资源管理数字化支持企业采用非线性的生态思维来进行用工管理。近年来，数字经济飞速发展，组织边界日益模糊，传统线性思维中的叠加原理早已不符合当前的管理需求，因此企业需要采用非线性的生态思维来进行企业管理。

具体来说，企业在使用非线性的生态思维进行企业管理时需要注意以下两项内容：

- 生态系统内部的各项因素之间关系复杂，各部分线性叠加的结果不再等同于整体，各项因素之间的相互作用和影响也会带来不同于线性叠加的增益或亏损；
- 系统中的参量变化可能会影响整个系统的运动形式，即便是细微的变化也可能因各项要素之间的密切联系在组织内部造成"牵一发而动全身"的效果。

生态思维将企业的用工管理提升到了公司治理的层面，同时，资本与劳动之间的关系发生改变，在数字时代，资本与劳动可以互相雇佣，劳动者也成为企业的利益相关者，可以与企业互相协作，共同创造价值、获得收益。由此可见，企业和劳动者都是生态系统中的重要组成部分，企业在追求经济效益的同时需要保障劳动者的利益，而劳动者也要在追求薪酬回报的同时为企业创造价值，二者之间关系密切，并逐渐成为利益共同体、事业共同体和使命共同体。

5.3.2 / HR数字化转型的实践之路

企业推动人力资源管理的数字化转型能够让企业的人力资源管理工作更加符合企业运营的要求，从管理层面提高企业的适应能力，帮助企业获得数字化市场环境下的竞争优势。在实际转型过程中，企业应注意将数字化技术融入组织和员工的工作，提高工作效率与数字化管理水平。

人力资源管理数字化能够在一定程度上提高雇佣关系的灵活性，企业也可以利用各项数字化技术来增强人机协作能力，提高管理决策的智能化程度。

图5-11为人力资源管理数字化转型的"组织—人—机"交互。

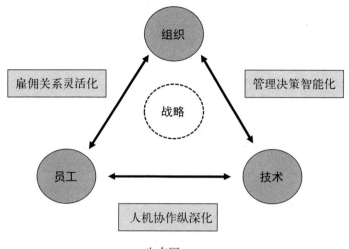

图 5-11　人力资源管理数字化转型的"组织—人—机"交互

（1）员工与组织：雇佣关系灵活化

在提升组织与员工之间雇佣关系的灵活性方面，人力资源管理数字化所发挥的作用主要体现在以下几个方面。

① 工作时间弹性化

数字化的人力资源管理能够让工作时间更加灵活，也正是因此，一些企业已经开始就工作时间进行改革，将远程办公、弹性工作制度与现有工作制度结合起来，以提高员工工作的自由度，以便员工充分发挥自身的创造力，进一步提升工作效率。具体来说：

- 远程办公就是员工通过网络进行线上办公、居家办公；
- 可变工时制可以在总工时不变的情况下对工时进行灵活规划；
- 弹性工作时间指的是赋予员工自主安排工作时间的权利，让员工可以根据其实际情况来规划各项工作。

② 工作地点自由化

技术的发展打破了工作地点方面的限制，扩大了工作空间，使得员工可以根据自身实际情况选择在家、办公室或其他地点办公，不再局限于固定的工作地点。

③ 工作内容的多样化

工作模式的变化在一定程度上提高了工作内容的多样性，员工在工作中可以不受工作时间和工作地点的限制，在任何时间、任何地点展开工作，同时由于组织边界日渐模糊，工作方式也越来越丰富，员工可以根据自身的需求和时间选择以全职、兼职或零工的方式开展工作。

（2）组织与技术：管理决策智能化

近年来，组织边界逐渐模糊，智能化算法的应用日渐深入，许多企业开始将智能化技术作为管理决策的重要工具，并在此基础上构建基于智能化技术的决策支撑体系。数字经济展现出了强大的活力，各行各业纷纷利用数字技术拓宽业务渠道、加强与客户之间的沟通，为企业应用数字化技术提供了环境，也推动了企业的数字化转型。

由于企业的工作与数字化技术的结合水平越来越高，对电子数据资源的管理也越来越重要，智能化管理决策将逐渐发展成为各类企业主流的管理决策方式。数据驱动型决策是一种基于大数据技术的新型管理决策模式，能够利用各项数据构建数据集，并构建相应的模型进行数据分析，进而助力企业实现事件发生概率预测，以便根据预测结果进行决策，达到提高决策效率和科学性的目的。

人力资源管理实践具有一定的复杂性。在数字化时代，为了进行有效的数字化人力资源管理，企业应该使用更合理的方式收集日常运营过程中产生的数据，并将其存储起来，在此基础上开发智能数据工具，提升企业的数据竞争力。就目前来看，基于数据分析的人力资源管理决策过程主要包含以下5个环节。

① 确立关键结果指标

企业应组织召开股东会议或决策管理层的讨论会等会议，并在会上讨论和分析各项关乎战略的人力资源管理关键结果指标,如离职率、财务成本、客户满意度等,并在此基础上确定各项关键结果指标。

② 组建数据团队

企业应召集专业的数据分析人员、人力资源管理人员和关键结果指标相关部门的工作人员,并组建具有综合性、职能多样等特点的数据团队。

③ 设置衡量标准

企业应针对测量频率、测量单位、评估层次等各项关键结果指标设置相应的衡量标准,确保各项指标的统计口径互相统一。

④ 分析数据并建立模型

企业要借助机器学习和深度学习的方法分析员工的各项数据,量化评估员工的工作热情、工作能力和工作态度,总结并分析这些方面的数据与员工绩效之间的关联,随后预测员工的绩效水平。

⑤ 制定人力资源管理优先级事项

企业应针对组织战略和组织的发展情况制定人力资源管理优先级事项,并在理清业务流程后重新对这些事项进行评估和调整。

(3)技术与员工:人机协作纵深化

技术、设备和算法的发展和优化促进了人机协作的发展。未来,在人力资源管理领域,人机协作将会向纵深化的方向快速发展,并不断提高发展的全面性。对企业来说,可以利用劳动力数字化和人工智能技术打造数字化的工作空间,为员工的工作提供方便,进而充分挖掘员工的潜力以及工作的积极性和主动性,达到提高效率和生产力的效果。

具体来说,在数字化的工作空间中,员工可以借助各种云服务和应用程序来打破时间和空间的限制,与其他工作人员进行即时合作,不仅如此,人工智能机器人还可以代替人来完成一些具有重复性、危险性特点的工作,进而让员工可以将更多的时间和精力投入更有价值的工作当中,同时也能够在一定程度上保障员工的安全,优化员工的工作体验,深入挖掘出员工的自我价值和创造力。

近年来，人机协作在人力资源管理领域的应用越来越广泛，许多企业开始利用数字化技术处理人才招聘、人才培养、员工关怀和职业发展等方面的各项工作。企业使用聊天机器人吸引应聘者的注意，为求职者提供各个岗位的信息，帮助其判断自己是否符合某些岗位的要求，这在帮助求职者找到适合自己的工作的同时，也优化了企业拥有的潜在人力资源，从而提高人岗匹配效率和精度。

不仅如此，企业还可以利用人工智能进行薪酬决策，这既能够免去采集员工反馈信息的步骤，也能够提高决策的科学性；利用人工智能为每位员工制定个性化的学习方案，为员工的职业发展和自我成长提供助力；利用绩效增强人工智能来针对各个员工生成相应的绩效优化方案，帮助员工提升绩效水平，并为管理人员提供绩效管理的决策依据。

5.3.3 / 人力资源管理系统建设

人力资源管理系统是一种利用各项信息化技术对各项员工相关信息进行集中管理的人力资源管理软件系统，管理内容主要涉及员工的个人信息、工资、考勤情况、人才招聘、人才培训、绩效评估等多个方面的内容。对企业来说，可以利用HRM（Human Resources Management，人力资源管理）系统来提高人力资源管理的效率、精度和全面性，降低人力资源管理的复杂度，减少人力资源管理的工作量，优化员工的工作体验，强化自身的竞争力。

HRM系统可应用于与人力资源管理相关的多种业务和流程中，如图5-12所示，如人事管理、绩效管理、劳动关系管理、培训与发展、招聘与展品管理等，具有十分广阔的应用场景。HRM系统的应用能够提高企业的组织效率和HR团队的专业性，优化员工体验，降低风险水平，帮助企业减少在合规性成本方面的支出，为信息的交流和共享、企业的发展提供支持，助力企业实现对人力资源的高效利用，进而增强企业的整体竞争力。

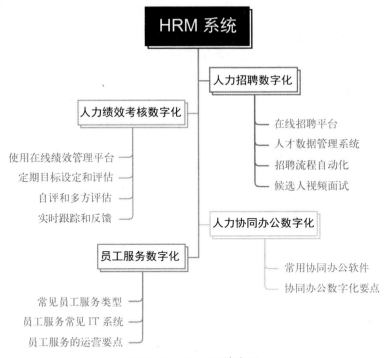

图 5-12 HRM 系统应用

（1）人力招聘数字化

人力招聘数字化指的是企业借助数字技术和信息系统对人力招聘流程进行优化，以便提高招聘效率、减少成本支出、优化求职体验、树立良好的企业形象，从而实现高效的人力招聘，但在数字化的过程中，企业也要认识到信息安全的重要性，充分保护求职者的个人信息安全和隐私安全。

① 在线招聘平台

企业可以借助互联网平台公开发布招聘信息，以获得求职者简历，并根据岗位需求进行简历筛选和在线面试，以便快速招聘到符合岗位需求的人才。

② 人才数据管理系统

企业可以建立用于存储求职者信息和简历的人才数据库，并融合数据分析和人工智能等技术手段，以便借助先进的技术提高人岗匹配效率。

③ 招聘流程自动化

企业可以利用流程管理工具为人力资源管理部门分担部分人才招聘工作，如发送面试邀请、预约面试时间、发送录用通知等，提高招聘流程的自动化程度，从而达到节约人力资源的效果。

④ 候选人视频面试

企业可以利用具有视频通话功能的软件进行面试，这既能够在一定程度上减少花费在面试环节的时间和成本，也能够支持异地面试，为求职者提供更多方便。

（2）人力绩效考核数字化

人力绩效考核数字化指的是利用数据分析、算法模型和数据自动采集等技术手段进行考核，这种考核方式能够提高考核的效率、精准度和正确率，确保考核数据的完整性和准确性以及考核结果的客观性和公正性，并帮助企业减少人工成本支出。

① 使用在线绩效管理平台

企业可以充分发挥在线绩效管理平台的作用，利用该平台完成各项数字化绩效考核相关工作，如考核指标设置、绩效合同管理、上级评估、员工自评和数据汇总等。

② 定期目标设定和评估

企业可以通过数字化绩效管理平台设立明确的定期目标和评估周期，并定期对各个员工和管理层人员的绩效进行评估和反馈，以便员工和管理层人员向着绩效目标努力。

③ 自评和多方评估

数字化绩效管理平台具有员工自评、同事互评、上级评估和客户评估等多项功能，企业可以借助该平台实现对绩效的全方位评估和反馈。

④ 实时跟踪和反馈

企业可以利用数字化绩效管理平台实时掌握员工的绩效情况，企业的管理层人员也可以通过该平台向员工反馈相关信息并提供指导，帮助员工进一步提高绩效。

（3）人力协同办公数字化

人力协同办公数字化指的是企业员工利用数字化的协同工具进行办公。数字化协同工具能够为员工之间的交流、沟通、协作和资源共享提供支持，有效提高员工的工作效率、团队的协作能力和企业的生产力，进而达到增强企业竞争力目的。

① 常用协同办公软件

企业微信是腾讯微信团队开发的一款办公管理软件，主要用于支持企业员工进行即时通信和协同办公。具体来说，企业微信中具有文件传送、日历提醒、任务管理等诸多功能，能够支持员工在工作中以文字、语音、视频等多种方式进行交流，为企业员工实现高效协同办公提供强有力的支持。

钉钉是阿里巴巴推出的一款协同办公软件，具有日程管理、考勤打卡、审批流转等诸多功能，支持员工以语音、视频、消息和文件等多种方式进行信息通信，能够为员工协同办公提供方便。

除此之外，Teams、Hangouts和飞书等软件也是各行各业的企业常用的协同办公工具，能够在不同的场景中发挥作用，帮助企业进一步提高协同效率和工作效率。

② 协同办公数字化要点

协同办公数字化应具有优化工作流程和提升交流沟通效率的作用。例如，企业微信中包含各项基础功能和内部通信协作工具，能够为企业管理和员工日常办公提供方便，进而提高内部沟通和协作的效率，具体来说，基础功能主要包括即时通信、动态消息、日程管理、通讯录管理、组织架构展示和企业应用接入等功能，内部通信协作工具主要包含打卡、汇报、审批、微盘、微文档、企业邮箱、企业支付、公费电话、腾讯乐享、项目管理以及数据分析和报表等系统工具。

（4）员工服务数字化

员工服务数字化指的是企业以数字化的方式对员工服务的信息、流程和内容等进行处理，并借助现代化的技术推动员工服务走向信息化、自动化和智能化。员工服务数字化能够提高员工服务的效率和质量，降低人力资源成本，并提升员工的幸福感，助力企业实现高效运营，提高企业发展的可持续性。

① 常见员工服务类型

一般来说，员工服务主要包括招聘和入职服务、培训和发展服务、离职和退休服务、薪酬和福利服务、绩效管理服务、工作环境服务以及员工关系服务等内容。

② 员工服务常见IT系统

数字化员工服务主要涉及移动工作台、在线培训系统、员工反馈系统、电子员工手册、移动协同办公平台、员工自主服务平台和HR信息化管理系统等系统和平台，企业可以借助数字化员工服务为员工的日常工作提供方便，优化员工的工作体验，提升员工的幸福感，从而实现高效工作。

③ 员工服务的运营要点

员工服务运营能够满足员工需求，提高员工对企业的认可度、忠诚度以及工作效率，进而达到增强企业竞争力的效果。具体来说，员工服务运营包含多项工作，如了解员工需求、建设员工服务平台、加强员工沟通和参与、提高员工福利的全面性以及为员工提供个人发展机会等。

5.3.4 / 人力资源共享服务中心建设

人力资源共享服务中心（Human Resource Shared Services Center，HRSSC）是管理模式创新的产物，能够借助共享服务来创造价值。具体来说，HRSSC能够向各个业务单元提供人力资源管理相关服务，也要求业务单元支付相应的服务费或根据实际服务情况来分摊成本。

企业可以借助人力资源共享服务中心来代替HR完成各项事务性工作，在确保工作标准性和专业性的同时，减少人力资源管理部门在事务性工作中所花费的时间和精力，让人力资源管理部门能够更加专注于一些价值更高的工作，如人力资源规划和公司战略支持等。由此可见，人力资源共享服务中心能够在一定程度上加强人力资源管理部门与业务发展规划之间的联系，并为企业落实长远战略和实现可持续发展提供支持。

从实际操作上来看，人力资源共享服务中心建设是一项具有长期性和复杂性的系统工程。企业在构建人力资源共享服务中心时应综合考虑各个业务单元的需求，对人力资源管理进行重新定位，简化人员架构，减少从业人员数量，并对组织机构设置进行优化调整，对各项事务性、可标准化的工作进行整合处理，对流程进行重塑，确保工作标准、服务标准的一致性。

就目前来看，许多企业还不够重视人力资源共享服务中心的建设工作。在部分集团企业中，各个下属公司分别设有专属的人力资源部，各个人力资源部的工作内容高度相似，均需负责自身所处下属公司的员工考勤、绩效考核和工资发放等事务性工作。不仅如此，部分企业甚至为每个下属公司都准备了用于处理人力资源管理事务的人力资源管理软件，这既增加了软件的采购成本和维护成本，也造成了严重的人力资源浪费，不利于企业的长期发展。

（1）人力资源共享服务中心的组织模式

人力资源共享服务中心的组织模式可分为两种：一种是单一中心，即共享服务中心中只有一个运营职场；另一种是多中心，即共享服务中心中有不低于两个运营职场，如图5-13所示。

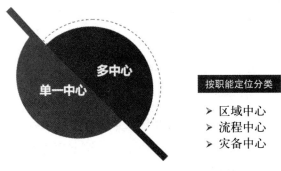

图5-13　人力资源共享服务中心的组织模式

当人力资源共享服务中心的组织模式为多中心时,各个中心可按照职能定位划分成以下3种类型。

- 区域中心:该中心主要起区域设置作用,能够为当前区域中的每个流程提供相应的服务。
- 流程中心:该中心能够从自身的流程职责出发为所有区域提供相应的服务。
- 灾备中心:该中心具有备份作用,能够为每个区域中的每个流程提供服务。

大部分人力资源共享服务中心通常采用单一中心模式或基于区域划分的多中心模式,对于这两种模式不足以完全处理的情况,通常采用基于流程职责的多中心模式和灾备中心模式进行补充。

从整体上来看,人力资源共享服务中心的机构形式主要包含以下几种类型,如图5-14所示。

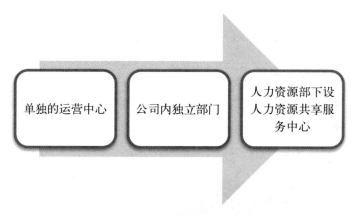

图 5-14 人力资源共享服务中心的机构形式

① 单独的运营中心

从本质上来看,单独的运营中心也是成本中心,这一形式大多用于百人以上的大规模人力资源共享服务中心当中,具有较强的服务特性和一定的独立性,既要与被服务对象签订服务水平协议,也需要独立核算,且在管理方面可以采用事业部形式。

② 公司内独立部门

公司内独立部门的形式具有管理难度低、企业管控强度大等特点，大多用于规模较小、内部职责单一、业务复杂度低的人力资源共享服务中心当中。

③ 人力资源部下设人力资源共享服务中心

人力资源部下设人力资源共享服务中心大多为纯服务型中心，能够深入理解并充分发挥人力资源共享的价值，但对人力资源管理部门有着较高的要求。

（2）人力资源共享服务中心的职能

人力资源共享服务中心融合了多种先进的网络技术和计算机信息系统，能够为企业提供各类人力资源管理服务。具体来说，人力资源共享服务中心主要包括以下3个组成部分，如图5-15所示。

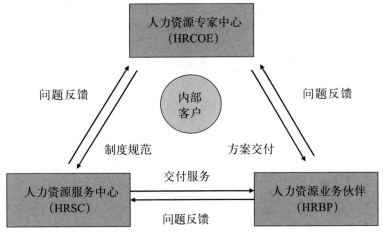

图 5-15 人力资源共享服务中心的组成部分

① 人力资源服务中心（HRSC）

人力资源服务中心（Human Resources Sustainment Center，HRSC）主要负责为企业提供集中服务。由此可见，为了充分满足内部客户的需求，企业应组建具有一定专业水准的人力资源服务团队，并制定相应的人力资源服务标准，厘清人力资源服务流程。

具体来说，人力资源服务中心的工作内容主要涉及人员招聘、职业培训、员工沟通、薪酬核算、福利发放、社会保险缴纳、人事档案管理、劳动合同管理、投诉建议处理和人力资源信息管理等服务。

② 人力资源业务伙伴（HRBP）

人力资源业务伙伴（Human Resource Business Partner，HRBP）是一个具有前瞻性的机构，主要负责主动跟踪和调研业务部门的发展需求，掌握人力资源管理需求和员工需求，在此基础上完善和改进人事政策，与相关专家共同设计和优化相关解决方案，并交给人力资源服务中心，以便人力资源服务中心及时落实该方案，满足各个业务单元的需求。

③ 人力资源专家中心（HRCOE）

人力资源专家中心（Human Resource Center Of Expert，HRCOE）具有咨询服务功能，主要负责为各个业务部门提供专业的指导，帮助各个业务部门进一步优化完善人力资源管理流程，加快落实各项人力资源管理政策。HRCOE应建立专业的人力资源咨询机构，为业务部门提供相关咨询和指导服务，具体来说，HRCOE需要完成人才管理、人力资源规划、素质模型构建、培训需求调查、培训课程开发、培训体系构建、绩效管理方案设计和薪酬管理方案设计等工作。

第 6 章 组织变革下的智能财务建设

6.1 智能财务：数字经济赋能财务变革

6.1.1 智能财务的特征与内涵

智能财务是指以大数据、人工智能、移动互联网、云计算、物联网、区块链等技术（即"大智移云物区"）赋能财务工作，使传统财务工作向数字化、智能化、自动化转型，并在原工作内容的基础上进行延伸和拓展。整个财务流程的智能化能够帮助企业更好地进行财务工作、减少财务工作的消耗、在财务工作中创造更多价值，发挥财务工作的控制作用，辅助提高企业的管理决策水平，推动数字化转型的落地实践。

智能财务主要有以下特征，如图6-1所示。

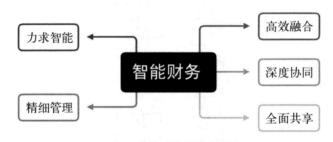

图6-1 智能财务的主要特征

- **高效融合**：在统一的流程、政策要求、数据记录规范以及系统平台支持的前提下，智能财务可以促进财务活动与企业的管理、运营等环节融合融通。
- **深度协同**：借助智能财务与新的财务管理方法，企业能够调整财务组织的结构，让各个部门的财务工作更加专业化，推动不同部门之间的协同合作。
- **全面共享**：除各项财务数据的共享，还包括财务人员、财务小组的灵活调动与共享。

- **精细管理**：企业应该充分利用智能财务系统的功能，提升财务工作的效率，优化工作流程，记录更加详细的交易数据，将财务工作融入企业各个部门的工作过程中，实现更加细致的管理。
- **力求智能**：在智能财务转型的过程中，企业应该根据智能财务系统的特点和性能进行智能化应用场景设计，使智能工具得到充分应用，技术优势得到充分发挥。

具体来说，智能财务的内涵大致包括以下三个方面，如图6-2所示。

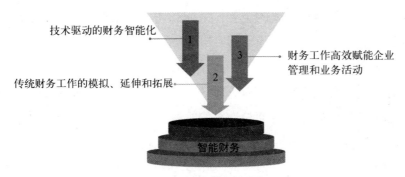

图 6-2 智能财务的内涵

（1）技术驱动的财务智能化

大数据、人工智能、移动互联网、云计算、物联网、区块链等技术基于其技术特点和优势，可以有力推动传统财务工作转型。

① 大数据

大数据的核心作用在于为海量数据处理提供强大的存储和计算能力。在会计活动的应用中，该技术面向数量巨大、类型多样、来源分散的会计数据，可以实现从采集、存储、整合、关联到分析、运用的高效处理，发挥数字化、信息化优势，充分挖掘数据价值，为企业会计活动提供有力支持。硬件的性能对大数据存储十分重要，算法的先进程度则决定了大数据计算能力的上限。

② 人工智能

人工智能属于计算机科学的一个细分领域，主要研究如何通过计算机模拟人的思想和行为，并达到相似的效果，包括模拟人类学习、推理、思考、决策和规划等。其发展大致可以分为计算机判断方面的智能、计算机存储方面的智能和计算机思考方面的智能等三个层次。判断能力又称感知智能，指人工智能可以听懂、看懂信息，并做出反应；存储能力是指运算智能，让计算机学习人类进行信息计算和传递，是计算机的认知基础；思考能力又称认知智能，这一阶段的计算机能够学习人类进行思考与推理，并做出选择。现在，计算机已经可以帮助企业进行部分财务工作。

③ 移动互联网

移动互联网是信息传输的重要方式和载体。依托于移动互联网，各种财务数据可以突破时间、空间局限实现实时传递，并根据需求进行共享和调用。

④ 云计算

云计算是一种以互联网为中心的分布式计算方式，它通过网络资源的共享与集合来满足对数据的存储与计算需求。广义上的云计算涵盖了软硬件云集群设施、云服务提供者等要素。云计算可以为智能财务提供算力支持。

⑤ 物联网

物联网通过射频识别装置、激光扫描器、红外感应器、二维码识别器等信息传感设备和各类通信网络建立物与物、物与人之间的泛在连接，实现不同对象间的信息传递，以便人们对相关对象的识别、追踪定位和管理。物联网技术赋能下的企业财务可以实现去中心化。

⑥ 区块链

区块链本质上是一种去中心化的数据存储模式，它通过点对点传输、共识机制、加密算法等来保障存储信息的真实性。区块链基于其存储信息难以被篡改的特点，可以为企业的财务工作提供可靠、真实的记账服务。

（2）传统财务工作的模拟、延伸和拓展

智能财务可以模拟财务活动的相关流程和操作，如会计核算软件能够基于原始会计数据自动或半自动地生成记账凭证、账簿和报表等。智能财务具备高效收集、整理数据的能力，由此可以在传统财务工作的基础上进一步延

伸相关数据统计量、核算范围，具体可以涵盖从个别经营单元的投资收益率的计算到长期业务规划的预算。

此外，对传统财务工作的拓展是指立足于大数据分析，深度挖掘各类财务数据、生产运营数据之间的联系，找到其中的规律，并形成相对固定的管理会计报告。

（3）财务工作高效赋能企业管理和业务活动

智能财务系统的应用，可以使财务工作更加高效地为企业的管理和业务活动赋能。具体来说，在对传统财务工作的模拟方面，由于智能系统代替人工完成了大部分简单、重复、耗时的工作，这有助于提升财务工作的效率，降低数据错误的风险，提高会计数据的质量，同时还可以降低人力成本，让财务人员可以把精力投入更有价值的工作中。

智能财务是传统财务的补充，能够让资金、税务、预算的管理更加细致，从而控制生产成本、稳定资产、提高绩效，帮助规划企业的日常运营。在传统财务工作的拓展方面，智能财务所生成的报告与传统的财务报告相比有质的提升，能够促使财务人员的思维模式从本位思考向全局统筹转换，为企业高层的决策与规划提供可靠的指导意见。

6.1.2 / 智能财务建设的总体规划

数字经济的发展对企业的财务工作提出了更高的要求，也为企业的数字化、智能化转型带来了契机。在这一背景下，智能财务成为企业改革的重要着力点，智能财务转型不仅是企业增值保值的重要支撑，也是企业实现战略规划目标的必然要求。

智能财务建设是一个循序渐进的过程，涉及诸多要素的整合。因此，企业不仅需要从整体业务流程出发，秉持三大要点；更应该着重关注组织体系改革、制度体系设计、业务流程优化等关键环节。

（1）智能财务建设的要点

智能财务建设的目标，并不仅仅是赋予财务工作人员相应的财务技能，还应该充分利用数字技术将财务管理工作与企业运营实践相结合，为企业经营管理决策的制定提供支持。因此，智能财务建设应秉持三大要点，如图6-3所示。

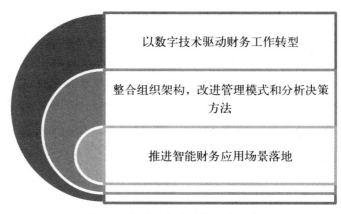

图6-3 智能财务建设的三大要点

- 要点一：在智能财务建设中引入现代通信技术、计算机技术、区块链技术等，以数字技术驱动业务会计、财务会计、管理会计和财务共享中心的融合与转型；
- 要点二：基于财务转型的战略架构规划，优化应用场景设计、完善智能制度建设和数据标准流程，对现有组织架构进行整合，以改进管理模式和分析决策方法；
- 要点三：努力推进智能财务应用场景落地，依托于智能财务共享中心系统和相关信息处理系统，集中分析企业运转过程中收集的业务信息、收支数据和管理细节，借助收集到的数据推动企业数字化转型。

（2）组织体系改革

企业在进行数字化转型的过程中，需要设置与企业未来战略发展相适应的智能财务组织机构，以智能财务机构为先导，推动组织管理的变革，实现组织架构的智能化，并以智能财务技术为企业的数字化转型提供参考。

智能化财务组织机构的设置必须与企业的数字化业务场景相匹配，该机构的负责人可以由企业的高层管理人员担任，在具体职权上与财务部门的负责人进行区分，财务部门的业务范围也需要进行明确与优化调整，由此带动其他业务部门组织架构的调整，推动企业智能化场景下的组织体系改革与创新。

（3）制度体系设计

企业应该基于现代数字化技术的应用和业务、财务、管理方式的创新，对现有制度、标准进行完善和优化，尤其是针对智能财务运行规则、组织制度进行优化。

构建财务共享体系是企业向智能财务转型迈出的重要一步，利用集成了大数据、图像识别、深度学习等技术的综合财务处理平台，可以实现自动化的财务数据采集、分析与共享，从而实现以数据信息赋能流程制度体系设计，为智能财务建设打下基础，促进财务运行流程的数字化、智能化和财务制度架构的完善与优化。同时，智能管理会计的应用落地将推动会计准则和内控制度的调整优化，由此辅助财务管理的智能化转型，赋能企业的价值创造流程。

（4）业务流程优化

流程影响效率，对企业来说，可以通过对财务流程的优化调整实现高效率的财务管理，并在此基础上确保财务管理的准确性和可靠性，减少财务方面的成本支出。具体来说，在优化财务流程方面，企业主要可以采取以下几项措施：

- **简化财务流程**：企业可以通过去除财务流程中的冗余部分的方式来提高财务效率，降低出错率和财务风险，减少成本支出。
- **加强内部控制**：企业应加强预算控制、资金管理和会计核算等内部控制，提高财务管理的准确性和可靠性，规避财务风险。
- **优化财务分析与报告流程**：企业应对各项财务报告和财务分析流程进行优化，如财务报表、成本控制、业务分析等，以便实现高效率的财务决策和高水平的财务管理。

- **优化供应商支付流程**：企业可以提供电子支付、采购单、自动匹配发票等多种服务，为供应商支付提供方便，防止出现错误支付、重复支付等问题，提高支付的效率和准确性，同时也可以为自身的现金流管理工作提供方便。
- **应用数字化财务系统**：数字化财务系统具备数据集成、智能分析、流程自动化等功能，能够利用数字化工具代替人工操作，极大提升财务效率，同时也可以减少纸质文件的使用，提高财务工作的准确性。

此外，企业还应加大对财务流程中的各项不足之处的重视程度，及时发现问题，并进行优化处理，以便确保财务流程具有高效性和强适应性。

6.1.3　智能财务建设的7大原则

在智能财务建设的过程中遵循基本原则，可以对企业的智能财务建设活动进行规范和引导，保障其建设活动遵循正确的方向，有利于建设目标的达成。企业在进行智能财务建设时，应该以战略财务为主导，以业务财务一体化融合为基本方法，以共享财务为战略目标实现的重要保障，综合以上实现路径，企业需要遵守以下原则，如图6-4所示。

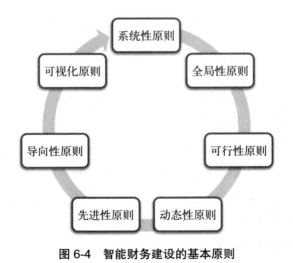

图 6-4　智能财务建设的基本原则

（1）系统性原则

系统性原则，主要是指在智能财务转型过程中对数字化、信息化平台的综合应用。

建设信息化平台是实现智能财务转型和智能管理的基础。企业的财务信息化平台通常部署在集团总部，总部需要基于与分公司的业务往来与对接需求规划部署业务系统，并统筹协调现有工作流程和财务管理资源，从而推动相应的智能财务共享中心平台、智能数据分析应用平台和综合业务管理平台的建设。合理的系统化规划设计能够为企业的资源整合、流程优化提供有力支撑。

（2）全局性原则

全局性原则，即要求从全局出发，从共享财务、经营财务、经营管理、业务处理等不同层面对工作流程、制度规范、所应用的软硬件设施等各要素进行系统性调整，其中战略目标始终居于主导地位。就智能财务转型来说，全局思维是智能财务思维特征的重要方面，而数据信息的共享能够辅助全局性原则在企业转型实践中的落实，并有力推动自动化财务流程、个性化财务共享、精细化财务管理和业财一体化融合的实现。

（3）可行性原则

可行性原则，即智能财务建设的整体规划应该是合理的、可行的。其可行性主要体现在两个方面：一是与实际业务需求相适应，促进业务流程优化，提高业务运行效率、管理效率；二是与企业管理规范和国家财经法规政策相适应，如在智能财务系统中流转的财务数据要符合企业的业务流程规范、数据信息安全规范，符合国家对资金管理、报税等方面的相关规定。制订可行的智能财务管理规划，是推进企业财务管理数字化转型的基础。

（4）动态性原则

基于数字化管理平台高效的数据处理能力，企业可以实现对相关财务、业务运营活动的动态化管理。

平台可以基于一定的模型和规则自动采集、整理、分析、存储数据，能够全天候不间断地运行，突破了传统财务活动中因排班等人力问题带来的财务工作滞后性的局限，从而辅助企业实现对经营活动的动态、高效管理。企业也要改变传统的财务管理意识，充分利用数据平台的自动化优势，及时调整流程设计和业务规划目标，构建高效、灵活的智能财务管理体系，实现对全价值链、全要素的有效管理，从而提升企业竞争力。

（5）先进性原则

先进性原则，指的是在智能财务建设的过程应该充分利用大数据、云计算、人工智能等先进技术，为企业的财务建设赋能。

这就要求企业针对不同的财务工作任务设计智能化应用场景，以现代化、数字化的智能财务管理框架推进财务流程再造。同时，以数字化平台为载体，促进业务、财务信息的高效对接与共享，以数字化的先进业务系统驱动业务能力的提升。此外，还需要对企业在不同业务领域应用的管理软件进行集成与整合，构建能够满足不同场景需求的一体化综合管理平台。

（6）导向性原则

导向性原则，指的是企业的智能财务建设应该是有目的、有方向的，这样才能有的放矢，保证智能财务建设达到理想的效果。

在智能财务建设的过程中，可以从多个层面理解导向性原则，比如，在智能财务建设的规划设计方面，企业应该以数字化技术和智能财务系统的应用为导向，使其适应财务信息化的建设需求；在财务组织的模式改革方面，应该以企业数字化、智能化转型的发展需求为导向，对财务管理体系进行优化，以创新为动力推动智能财务的价值创造，并构建智能化的、科学的评价管理体系。

（7）可视化原则

可视化原则强调以可视化的数据信息赋能企业运营与发展，即运用智能平台或大数据平台对企业的经营活动情况进行量化统计，挖掘数据中的有价值信息并以可视化的方式呈现出来，找到各要素之间的内在逻辑联系，以此作为判断、决策、评价的参考依据。可视化原则可以贯穿于业务数据流转的部分场景中，随着新技术在智能财务管理系统中的深入应用，智能财务的工作场景将得到拓展，并进一步促进数据资源整合，推动企业各类业务的数字化转型。

6.1.4 / 智能财务的未来发展趋势

数字技术的应用不仅推动了数字经济的发展，也加速了企业财务活动的智能化转型，在"企业上云""万物互联"的大背景下，企业的数字化转型与数字经济发展相辅相成，而智能财务建设也是企业数字化转型的重要内容。

近年来，企业在财务的运营效率和客户满意度方面的要求越来越高，需要进一步提升财务水平，利用各类智能化的手段处理各项财务工作，未来，财务将会向智能化的方向快速发展，企业需要提高整个财务团队的智能化程度，以便为自身的长期发展提供支持。智能财务的未来发展趋势如图6-5所示。

图 6-5　智能财务的未来发展趋势

（1）数字财务

进入数字经济时代后，数字技术飞速发展，并逐渐被应用到各个领域，在财务方面，企业的财务部门也需要充分发挥数字技术的作用，利用各类先进的数字技术优化运营模式，助力业务发展。

从实际操作上来看，企业的财务负责人需要先了解企业原本的数字化战略以及数据、资源和能力基础，再获取外部环境的变化情况和信息技术的发展情况等信息，并据此重塑财务流程和组织架构，设计全新的财务活动，最后充分发挥各项数据和技术的作用，借助数字技术来进行转型规划、战略决策、业务支撑和风险控制，打造数字财务。

（2）平台财务

近年来，平台经济飞速发展，企业需要进一步加大对生态系统的重视程度，加强对生态系统的管理。就目前来看，日渐激烈的商业竞争已经不限于企业与企业之间的竞争，更是上升到了供应链、产业链以及生态系统的层面，与此同时，平台化思维也在财务领域发挥着重要作用，企业开始利用财务中台来连接起业务活动和财务管理活动，并通过科技赋能、金融赋能和财务赋能的方式来加快资金、资产以及资源要素的配置和流转，进一步提高产业链和生态系统的效能，为实现价值创造提供助力。

除此之外，在打造财务平台的过程中，企业还可以采用多样化的开发模式，将各种先进技术融入生态系统当中，如物联网、人工智能、区块链、机器人流程自动化、协作网络等，实现智能预测、自动化报告和交易、前瞻性生态伙伴管理等功能，提高生态系统管理的智能化和自动化程度，以便有效控制财务成本和财务风险，扩宽价值来源，提高财务部门的价值创造能力。

（3）敏捷财务

敏捷财务能够充分保证各项规划、预测与市场情况之间的一致性。对企业的各个利益相关者来说，可以利用敏捷财务功能高效获取各项所需信息，减少在信息传达和报送方面所花费的时间；对业务负责人来说，可以借助敏捷财务功能了解自身所处区域的业务进展情况，及时发现业务中存在的问题，并进行优化调整。

（4）智慧财务

智慧财务融合了大数据、云计算、人工智能、移动互联网、区块链等多种新兴技术，能够大幅提高财务的自动化和智能化程度，实现自动化的数据共享和信息传输等功能，推动财务工作走向智能化，最大限度地发挥财务数据的价值。

具体来说，智慧财务的价值主要体现在两个方面：

- 从对内价值上来看，智慧财务能够提高财务核算、风险控制、财务分析与预测等财务管理工作的智能化水平，利用自动化工具代替人来完成各项工作，释放财务劳动力，提高财务工作的效率和准确性，保障企业运营的高效性和可靠性。
- 从对外的价值上来看，智慧财务能够为业务部门提供高质量的业务信息，促进业务发展；也能够提升企业管理人员的洞察能力，优化企业管理；还能够广泛采集用户信息，如交易特征、风险偏好、渠道偏好等，并利用这些信息构建体系化的模型，以便为用户提供更加优质的服务，提高用户满意度，增加用户黏性，从而为用户资源共享提供支持。

随着智能时代的到来，财务组织不断发生变化，企业应积极面对财务组织变化所带来的挑战，将人作为核心竞争力，及时组建高水平的智能化团队，大力推进财务创新升级，从而为自身实现可持续发展提供强有力的支持。

6.2 智能会计：企业会计信息系统建设

6.2.1 数智蝶变：会计1.0到会计3.0模式

当前，区块链、大数据等数字化技术已经成为经济增长的重要驱动力，数字经济的放大、叠加和倍增效应能够为产业转型升级、供应链优化和经济高质量创新发展赋能，而智能财务是企业数字化转型和数字经济发展的重要支撑。我国政府对此高度重视，出台了一系列政策措施来保障数字经济的持续发展，并鼓励智能财务的推广普及。

国务院印发的《"十四五"数字经济发展规划》明确了推动数字经济健康发展的指导思想、基本原则和发展目标，对数字基础设施建设、产业数字化转型、数字经济治理体系完善等方面任务进行了重点部署；财政部印发的《会计改革与发展"十四五"规划纲要》提出了该时期的主要目标和任务，通过完善会计审计标准体系建设、加快会计审计数字化转型等措施，推动会计改革高质量发展，为智能财务建设奠定坚实基础，以推动经济社会高质量发展。

财务工作的数字化转型需要企业内部变革与外部经济环境变化协同才能实现。企业内部的财务数字化转型主要取决于自身经营情况和管理者的判断决策。而在外部环境方面，数字化技术的发展为财务数字化转型提供了关键技术支持，如人工智能、机器学习、大数据等技术可以高效赋能数据统计分析与评估预测，可以有效提升财务管理活动的自动化、智能化水平。

近几年，我国数字经济呈蓬勃发展态势，根据商务部提供的数据，2022年我国数字经济规模达50.2万亿人民币，占GDP比重的41.5%。数字经济不仅可以有力推动经济增长，也会给市场环境带来深刻改变。企业必须牢牢把握这一发展机遇，重点推进智能财务转型，变革运行模式、管理体系，实现降本增效，提高对市场环境的适应能力。

我国会计信息系统建设大致经历了以下三个阶段，如图6-6所示。

图6-6　会计信息系统建设经历的三个阶段

（1）会计1.0：电算化时代

随着人们开始利用电子计算机对会计数据进行处理，会计核算工作逐渐实现了自动化，会计行业的发展也开始进入电算化阶段。在这一阶段，财务组织需要通过监督保证等方式来处理各项经济业务，并充分确保组织的合法性和合规性，但会计电算化也存在一定的不足，因此这一阶段的会计工作仍旧需要由财务部门内部进行事后操作。

具体来说，会计电算化的不足之处主要体现在两个方面：其一，会计核算工作与业务部门之间缺乏联系，存在信息孤岛问题；其二，会计监督仅针对支出和凭证两项内容的合规性，无法充分确保业务的真实性，组织难以有效防范业务风险，也无法通过对财务信息的分析和利用来为相关经营决策提供有效依据。

（2）会计2.0：信息化时代

会计行业的发展进入信息化阶段后，财务组织需要利用信息系统对企业内部的流程和资源进行管理和控制，并在技术层面上为企业实现对业务、财务、流程等各项相关数据的融合和综合应用提供支持，从而充分发挥财务组织在决策支持和风险防控方面的作用，从财务层面为企业发展提供助力。

会计信息化是会计与信息技术的融合，在这一阶段，企业可以通过业财一体化来前置财务职能，提高财务工作的开放性，利用财务数据为企业经营决策提供支持，从而达到财务服务业务的目的。与此同时，企业也可以集中管控各个子公司的核算职能，统一处理财务共享服务中心的各项相关数据。

在推进财务转型的过程中，为了充分发挥信息技术的作用，利用信息技术为财务工作赋能，企业需要平衡好业务和财务之间的关系。

（3）会计3.0：智能化时代

会计行业的发展进入智能化阶段后，业务、财务和技术互相融合，各项智能化技术的应用也催生了新经济、新业态和新模式，企业需要针对自身的业务发展需求动态调整财务组织架构，以便进一步提高业务决策的敏捷程度和业务调整的响应速度。

除此之外，财务组织还可以在数据价值融合的基础上充分发挥机器人流程自动化（Robotic Process Automation，RPA）、光学字符识别（Optical Character Recognition，OCR）、自然语言处理（Natural Language Processing，NLP）和机器学习（Machine Learning，ML）等技术的作用，提高财务和业务工作的效率，扩大财务工作边界，深入挖掘场景价值和数据价值，并对各项业务决策进行动态预测，进而达到利用各项智能化的财务职能为业务赋能的目的，同时也可以对思维理念、信息技术、业务模式和方法工具等进行创新。

因此，智能化时代企业会计信息系统的建设是一个复杂的工程，需要兼顾多种要素、涵盖多方面的内容。以下我们就对财务共享平台构建、管理会计系统建设、智能会计系统建设这三项关键内容进行重点介绍。

6.2.2 / 关键内容一：财务共享平台构建

财务共享服务作为一种依托于现代信息技术的专业化的生产管理服务模式，不仅可以为企业会计集中管控、集中核算和业务财务融合、战略规划决策提供有力的支撑，还能为企业会计工作的智能化、数字化转型提供条件，而集成了大数据、云计算、互联网通信等技术的财务共享服务平台，是实现这一过程的重要工具。该平台可以辅助企业优化组织结构、强化管控能力，从而提升流程效率并降低运营成本，在业务财务流程处理的过程中实现价值创造。

财务共享服务的发展大致可以划分为三个阶段，每个阶段的发展特征有所不同，如图6-7所示。

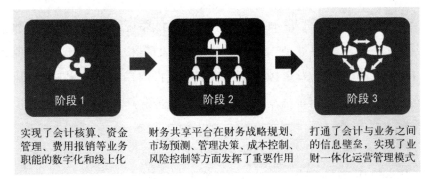

图6-7　财务共享服务的三个发展阶段

- 阶段1：企业在财务共享平台建设的过程中，实现了会计核算、资金管理、费用报销等业务职能的数字化和线上化，为企业财务、业务活动的统一管理奠定了基础。
- 阶段2：企业财务会计依托于财务共享平台，在财务战略规划、市场预测、管理决策、成本控制、风险控制等方面发挥了重要作用，财务会计实现了部分管理会计的职能。
- 阶段3：通过引入物联网、人工智能等新兴智能化技术，企业打通了会计与业务之间的信息壁垒，实现了业务驱动财务、财务引导业务的业财一体化的运营管理模式。

在业财融合运营管理模式下的财务共享服务平台，可以从多个方面辅助企业财务管理、业务管理的数字化、智能化转型目标的实现，财务共享服务平台的主要功能如图6-8所示。

图6-8　财务共享服务平台的主要功能

（1）数据挖掘与应用

企业的会计部门可以在财务共享服务平台的基础上，充分利用其数据优势，从各类数据（包括企业内部的业务、会计数据和外部的市场、行业数据等）中挖掘有价值的信息，以辅助业务部门进行用户画像描绘、市场需求评估、区域消费能力分析等活动，从而为企业业务的开展提供有力的财务支持和精准的数据支持。

（2）智能分析与预测

企业对于各类数据的挖掘和应用，需要以智能化的分析预测作为基础。财务部门在进行分析预测时，可以利用相关应用模型或财务分析方法（如定价模型、成本分摊等），结合用户群特点、地域消费观念、市场趋势、竞争对手等数据信息，在确保假设合理性和严谨性的基础上，实现较为精准的预测与测算。其分析预测结果也可以为新产品研发、定价设计、市场分析等活动提供支持。

（3）资源配置与考核

科学的财务资源配置与考核方法是促进企业持续健康发展的重要条件。企业财务部门在进行财务资源分配与考核设计时，应该以企业战略目标为导向，实现有限资源在战略倾斜领域（如业务流程优化、技术创新、产品研发等）的精准配置，并通过设置关键指标来建立合理的阶段性评估与考核机制，充分发挥财务对业务的引导作用，以逐步推进企业战略的落地实践。

（4）生态圈构建

财务会计部门可以基于财务共享服务平台并协同业务部门共同构建合作伙伴生态圈，进一步提升财务业务协同水平。依托财务共享服务平台，企业的财务部门可以与专业服务企业、产业链上下游企业和相关监管部门积极进行沟通交流，获取相关领域的专业意见、行业趋势和监管风向等方面的信息，为企业的规划决策、业务管理提供参考。

6.2.3 / 关键内容二：管理会计系统建设

管理会计系统是企业在智能财务业务中所运用的重要工具，它可以为财务数据采集、业务数据分析、预测方案制定、风险控制等活动提供重要支撑。在财务数据采集方面，该系统可以根据语音指令完成报表、单据等财务数据的收集，并对相关数据进行存储、应用、共享，这将大大提升数据处理效率；在业务数据分析方面，系统可以基于相关模型快速计算出分析结果，包括成本分析、风险分析、绩效评估等；在预测方案制定方面，该系统可以综合既有财务数据、业务运行参数和市场、行业等外部信息，生成较为准确的预测方案，为企业管理、决策提供参考；在风险控制方面，系统可以基于相关业务指标和既有风险评估方法，实现对业务风险、财务风险的智能控制。

管理会计系统的建设目标主要涵盖以下几个方向，如图6-9所示。

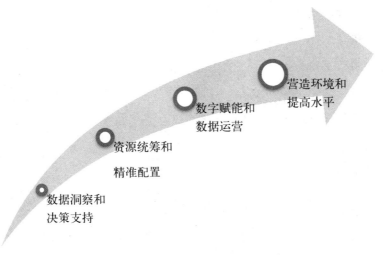

图6-9 管理会计系统的主要建设目标

（1）数据洞察和决策支持

一方面，企业应该通过分类、定义等方式完善数据记录和统计标准，规范记录各业务场景、业务环节中的数据，为底层数据、整合数据、生成数据的分析挖掘提供条件；另一方面，企业财务部门应重视对内外部结构化和非结构化数据的信息提取，在对业务、产品、用户等各类数据进行综合分析、洞察、预测的基础上，为多维度、多场景的业务决策提供支持。

（2）资源统筹和精准配置

企业财务部门需要转变被动的业务活动模式，主动为前端业务提供支持。财务部门基于业务运行情况和业务发展规划，运用管理会计方法建立数据模型，对成本、利润率等进行预测，在此基础上构建相应的预算管理体系、绩效评估与考核体系，进而优化企业资源的配置与统筹，真正发挥财务会计对业务的指导作用，推动各项业务活动的顺利开展。

（3）数字赋能和数据运营

数据处理是企业业务运行、管理决策中的重要一环，企业财务部门是数据流通的重要节点，该部门向下为各业务线提供基础数据支持，向上为领导层的管理决策提供报表、预测方案等数据参考，它承担着数据汇总、数据信息提取、数据转化与应用的职能。财务部门要重视挖掘数据价值，从而在业务开展、绩效管理、决策规划等场景中更好地实现数据赋能。

（4）营造环境和提高水平

企业管理会计在发展过程中积累了许多成功的、典型的企业管理方法论，企业财务部门可以将这些方法论与企业现实业务情况相结合，更好地服务于各业务部门和管理层。例如通过会议、培训等方式，将一些较好的管理会计思想传递给管理者和员工，强化其预算、成本效益、绩效评价等方面的观念，进而促进企业整体管理水平的提高。

6.2.4 / 关键内容三：智能会计系统建设

业财一体化的智能会计系统是目前传统会计转型的主要趋势，而相关系统的应用可以大大提高会计管理工作的效率、降低人员成本，并推动实现企业商业模式和管理方式的转型升级。基于该系统较高的技术门槛和改造成本，许多企业还处于观望状态，推广进程较为缓慢。

业财一体化的智能会计系统的建设方案目前仍需要在实践中不断验证，当前受到普遍关注的是"业务伙伴+会计专家+运营会计"的模式，简单地说，就是该系统同时扮演业务伙伴、会计专家和运营会计的角色。

（1）业务伙伴

业财一体化的智能会计系统的业务伙伴角色指的是该系统具备良好的交互性能，能够帮助会计人员快速了解业务运行情况，辅助优化业务流程和各部门职能，并对相关业务数据进行智能评估，帮助会计人员解决业务运行中存在的问题，并基于相关数据模型快速识别和规避业务风险。

业务伙伴与会计人员、业务部门的协作可以打破财务管理与业务管理之间的信息壁垒，充分发挥业务对财务的驱动作用和财务对业务的指导作用，使财务与业务的融合真正赋能企业发展。具体方法包括：加强对业务人员、会计人员的培训，完善会计在业务运行中的参与流程等。

（2）会计专家

业财一体化的智能会计系统可以基于其会计模型、预测模型算法和强大的数据处理能力，为财务人员、管理人员提供数据洞察、战略规划、决策管理方面的支持。例如，系统通过对各类财务数据的挖掘，辅助管理人员找到业务运行中的问题关键点，并提供问题解决思路或方案，同时辅助制定相应的标准、规范、流程或考核机制，促进完善业务运行模式。

（3）运营会计

运营会计可以辅助会计部门参与运营前指导、运营中服务、运营后管理等财务管理活动，以促进运营业务的效率得到提升、成本得以降低，使得风险控制能力得以增强；同时，运营会计可以辅助会计部门对运营活动实施有效监控。

6.3 / 智能税务：税务管理系统建设实践

6.3.1 / 智能税务管理系统的价值分析

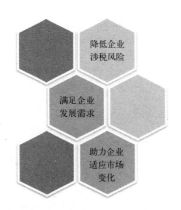

图 6-10　智能税务管理系统的价值

企业随着业务范围的不断拓展，不可避免地将面临一些税务问题。为了符合税收政策的要求，企业需要推动办税系统的平台化、智能化和信息化进程，从运行机制层面降低税务风险。对于企业而言，智能税务管理系统的价值如图 6-10 所示。

（1）降低企业涉税风险

大数据、人工智能等技术的不断发展和推广应用，使得与企业历史、地域、行业及上下游相关的丰富数据资源均可被用于辅助决策以提升税收征管水平。可以说在税务风险管理及信息化手段方面，税务机关已经走在了大部分企业的前面。而作为被监管对象，企业也需响应数字化时代的需求，降低企业的涉税风险。

税务管理在一定程度上决定了企业的组织管理、日常业务能否正常运行，在整个财务管理系统中显得尤为重要。对企业来说，有必要使用信息化手段实现税务管理工作的规范化、章程化，提高工作效率，改善工作实效，降低企业的税务风险。

（2）满足企业发展需求

相比传统运作方式，信息平台的运用能够极大提升相关流程的效率和质量，因此现在的企业更倾向于选择网上交易，而智能税务管理系统恰好满足了企业的信息化需求，也顺应了交易模式的数字化转型潮流。

智能税务管理系统可以为企业的日常决策提供参考，借助算法完善企业的税务管理体系，实现税务工作的数字化、自动化、智能化，同时也能够使税务信息的检索更加灵活，提升企业税务管理的决策水平。因此，与传统的税务管理模式相比，智能化的税务管理更能满足现代化企业的发展要求。

（3）助力企业适应市场变化

如今，市场竞争日益激烈，企业所处的运营环境不断改变；税务审批机制也转为事前形式审查、事后实质审查，在合理性、合法性、完整性上都提出了新的要求。对一些集团企业而言，需要借助数字化手段，将外部压力转换为企业改革的动力。企业智能税务管理系统的共享化、智能化优势，能够促进企业税务理念的转变、提升企业员工的协同工作水平，从而推动企业整体运营效率的提升，助力企业适应市场环境的不断变化。

综上，智能化税务管理系统在企业数字化转型的过程中具有明显的优势，是企业提高税收效率的必由之路，同时还能够为企业节约运营成本、提高工作效率，帮助企业实现可持续健康发展。

6.3.2 / 智能税务管理系统的框架设计

企业在构建智能化税务管理系统的过程中,需要加大对核心业务系统的重视程度,搭建与业务系统相连的税务管理和监控系统,并对该系统进行完善,推动税务管理向全面化和一体化的方向发展。与此同时,为了确保数据安全且方便使用,企业还要提高业务、财务、税务、发票、流程等方面数据的可追溯性和标准性。

(1) 企业智能化税务管理系统的建设思路

在构建企业智能化税务管理系统的过程中,一方面,企业需要在明确税务管理平台需求的基础上广泛采集并整理各项相关基础数据,建立包含众多主体和板块的多层次组织架构;另一方面,企业需要按照主体、层级和岗位等信息对各个不同的用户进行集中管理,并提高进销项数据采集的自动化程度,对财务数据和申报表中的计算数据进行对比分析,同时搭建法规库、经验库、风控模型、培训资料库、涉税档案库和税务监控指标库等数据库和数据模型,以便精准分析各项监控指标并对相关风险进行及时预警,为企业优化税收筹划提供助力。

(2) 企业智能化税务管理系统的功能

对企业来说,构建、优化并使用智能化税务管理系统有助于提高税务信息管理效率,达到优化税务管理工作的目的。具体来说,企业智能化税务管理系统可以利用浏览器/服务器(Browser/Server,B/S)架构来优化调整各个应用系统,提高税务信息的一体化程度。企业智能化税务管理系统的功能如下。

- **获取税务数据**:基于智能化税务管理系统,企业能够高效获取与税务管理相关的各种基础数据,如税种、税目、税率、纳税主体、税局档案、税务日历、增值税基础信息等。

- **执行税务管理**：基于智能化税务管理系统，企业能够便捷完成税金计提、税金申报、税金预算、税金支付缴纳和税金返还管理等税务管理相关工作。
- **处理税务问题**：基于智能化税务管理系统，企业能够顺畅实现预警通知、通知公告、任务管理和帮助中心等功能，以便及时找出并处理各项税务问题。
- **掌握税法知识**：基于智能化税务管理系统，企业能够实时获取政策法规、税务案例、档案管理、培训材料等信息，以便学习并掌握各项税法知识，为自身处理各项税法相关问题提供方便。
- **辅助分析决策**：基于智能化税务管理系统，企业可以在对税务风险相关数据信息进行统计和分析的基础上实现税务风险管理和税务任务跟踪等功能，以便为企业税务管理以及运营管理工作提供参考。

6.3.3 智能税务管理系统的数据架构

从上述智能税务管理系统的价值分析和框架设计中可以看出，与传统税务管理方式相比，智能税务管理系统具有明显的优势，比如，智能税务管理系统可以自动计算相关税费，计算过程高效且能有效减少出错率；智能税务管理系统可以充分利用数字技术，将烦琐的人工操作转化为自动化、数字化的流程；智能税务管理系统可以利用区块链等技术进行访问权限管理，有效避免数据被篡改或泄露等风险。

总体而言，智能化税务管理系统最核心的功能是对多源异构数据的管理。在智能化税务管理平台中，数据架构设计主要包括物理层、逻辑层和数据流层三个层次，能够从不同的维度对各项相关数据进行分析处理，充分满足各项业务在数据塑造、数据存储和数据使用等方面的需求。

- **物理层**：智能化税务管理平台数据架构的物理层能够以物理存储的方式处理ERP系统等业务管理系统中的二维表数据等结构化数据和Word

文档、图片等非结构化数据，并使用Redis（Remote Dictionary Server，远程字典服务）内存数据库来完成数据缓存工作，利用全文搜索引擎（Elastic Search，ES）来完成全文检索工作，充分确保数据缓存的高性能和全文检索的高效性。

- **逻辑层**：智能化税务管理平台数据架构的逻辑层可以对大量不同类型、不同中心的数据进行灵活高效的存储、处理和多维分析，并将高频操作库、数据交换过程中心缓冲准备库、数据集中汇总中央库以及其他部门和业务的主题库中的数据处理成符合数据使用权限控制要求的数据。
- **数据流层**：智能化税务管理平台数据架构的数据流层能够在确保数据完整的基础上有效管理数据采集、数据传输、数据处理、数据存储、数据分析和数据应用等各个环节，并充分满足企业在数据边界方面的管理需求。

除此之外，企业还应充分明确各个应用系统的安全需求，并在此基础上对整个信息系统进行规划和设计，完善信息系统安全解决方案，充分确保信息系统的安全性。

智能化税务管理系统的建设涉及税务项目管理的整个过程。为了充分确保项目的高效性和高质量，企业不仅要确立执行质量保证体系，还要运用科学、合理、高效的管理手段来做好人力资源、组织架构、资源协调等方面的工作。

6.3.4 / 智能税务管理系统的功能结构

企业可以借助智能化税务管理系统来提高税务管理流程的规范化和自动化程度，实现高效的税务管理，同时也能在此基础上构建全面税务风险控制体系，进而提升自身的税务风险管控能力，充分确保税务规划的有效性和税务管理理念的先进性，以便革新税务管理体系，强化整个税务管理体系的价值创造能力。智能税务管理系统的功能结构如图6-11所示。

智能税务管理系统	计缴申报	税金计提管理
		税金申报管理
		税金预算管理
		税金支付管理
	查询统计	销项发票查询统计
		进项发票查询统计
	分析筹划	
	法规案例	
	风控管理	预警分析功能
		风险分析指标
	档案管理	税务申报表档案管理
		税务缴款书档案
		税审报告档案
		税务审计报告档案

图 6-11 智能税务管理系统的功能结构

（1）计缴申报

① 税金计提管理

企业可以借助税金计提管理来提高数据获取、数据计算和税金计提表生成等工作的自动化程度，同时税金计提管理还可以与会计系统对接，为工作审批流程的顺利运行提供保障。

② 税金申报管理

企业可以借助税金申报管理来实现对税种申报主表和税种申报附表等多种申报表的自动计算，从而为工作审批流程的顺利运行提供保障。

③ 税金预算管理

企业可以借助税金预算管理来明确自身税金预算模块的具体需求，提高税金预算申请表计算的自动化程度，进而为工作审批流程的顺利运行提供保障。

④ 税金支付管理

企业可以借助税金支付管理来自动生成基于业务流程的税金支付订单，

并加强资金支付系统和税金支付订单之间的联系，充分确保工作审批流程安全稳定运行。

（2）查询统计

① 销项发票查询统计

企业智能化税务管理系统具有销项发票查询统计功能，能够帮助税务相关工作人员完成销项发票数据自动采集、开票数量统计、开票数量查询、税收分类编码自动匹配、余票预警、购票提醒和发票冲红等多项查询统计相关工作。

② 进项发票查询统计

企业智能化税务管理系统具有进项发票查询统计功能，能够帮助税务相关工作人员完成数据明细查询、发票文件查询、自动化认证、发票监控提醒、发票逾期提醒、发票逾期报表生成、进项税转出、明确发票结算用途、待转出列表生成、发票状态跟踪等多项进项发票数据查询和统计相关工作。

（3）分析筹划

企业可以利用智能化税务管理分析系统对相关报表和税费等数据信息进行分析处理，并根据这些数据信息构建相应的预测模型，以便对业务的整个流程进行有效的风险管控，同时企业也可以借助企业税务管理系统来明确税务筹划点，了解相关优惠政策，进而为自身高质高效地完成税务筹划工作提供助力。

（4）法规案例

企业税务管理分析系统具有包含经验库、风险手册、税收法规库、培训资料库、税收政策解读信息等多种税收相关内容的政策法规管理模块，企业可以借助该模块确保各项税务活动的合法性。

（5）风控管理

① 预警分析功能

企业可以在智能税务管理分析系统中构建风险预警模型，并充分发挥大数据、互联网等先进技术的作用，搭建税务风险指标库，以便利用风险预警模型和税务风险指标库来实现对税务风险的监控预警和实时分析。与此同时，企业税务管理分析系统中的风控管理功能还有助于企业进一步强化流程管理能力和过程控制能力，帮助企业全方位监控整个业务流程，提高企业对税务风险的敏感性，进而达到有效规避税务风险的目的。

② 风险分析指标

具体来说，税务风险分析指标主要涉及税负率、变动率、纳税及时性、政策运用情况等内容。其中，增值税风险指标中又包含了纳税主体、税负率、应纳增值税变动率、应税销售额变动率、纳税时间、优惠政策等诸多信息。

（6）档案管理

① 税务申报表档案管理

企业智能化税务管理系统中的税务申报表档案管理功能能够帮助企业统一管理各项税务申报资料，为企业在法律要求的保存期内查阅税务申报相关档案信息提供方便。

② 税务缴款书档案

企业智能化税务管理系统中的税务缴款书档案管理功能能够帮助企业对不同税种的税务缴款书进行分类存储，并整合各项税务缴纳相关信息，形成财务账务一体化的档案管理体系。

③ 税审报告档案

企业智能化税务管理系统中的税审报告档案管理功能能够帮助企业整合内外部的各项税务审计报告，以便企业充分了解税务审计情况和人员变动情况，并根据预警信息及时对税务风险进行防范。

④ 税务审计报告档案

企业智能化税务管理系统具有税务审计报告档案管理功能，能够帮助企业整合各项财务审计报告，并根据各项报告的年份分别进行存档管理，为企业查阅税务审计报告档案中的信息提供方便。

企业智能化税务管理系统中包含了多种税务风险管理相关功能，有助于企业自行检查税务风险，及时找出自身存在的主要税务风险点和关键税务风险点。不仅如此，企业也可以借助智能化税务管理系统来生成负面清单，并对税务风险预警指标进行多维分析，以便充分明确风险阈值，实现对税务风险的实时监控。

具体来说，首先，企业要找出超出风险阈值的指标和流程，并将这些指标和流程的相关信息交给相关人员；其次，企业要利用信息技术来分析各项相关税务信息，明确造成税务问题的根本原因；最后，企业要利用智能化税务管理系统来自动生成税务风险分析报告，并将该报告传输给企业的相关管理人员，以便进一步提高自身在税务风险防控方面的及时性和准确性。

6.3.5 / 智能税务管理系统的效益与经验

（1）企业智能化税务管理系统的效益

企业智能化税务管理系统的效益主要包括以下几点，如图6-12所示。

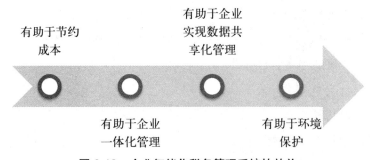

图6-12 企业智能化税务管理系统的效益

① 有助于节约成本

智能化税务管理系统的应用有助于企业实现高效化的发票查验管理、自动化的申报表生成、及时的风险预警以及自动计提税金等功能，企业可以借助企业智能化税务管理系统来广泛采集和批量认证各项增值税专用发票，从而提高发票查验的自动化程度，达到充分确保发票管理效率的目的。

与此同时，企业智能化税务管理系统的应用也有助于企业优化税务管理方式，提高税务管理工作的效率和准确性，提升财务基础处理工作的高效化、专业化和自动化程度，进而帮助企业有效规避错报、漏报、不报等申报问题和不缴、多缴等税款缴纳问题，这既能够为企业减少花费在税务方面的不必要支出，也能避免税务问题给企业征信带来不利影响。

② 有助于企业一体化管理

智能化税务管理系统能够广泛采集各项业务信息、财务信息、税务信息和发票信息，并对这些信息进行高效整合和匹配，提高各项信息之间的关联性，以便企业根据自身在业务方面的实际情况深入分析处理各项相关信息。从实际操作上来看，许多企业存在业务、财务、税务三者分离的情况，各个模块中的信息缺乏关联性，不利于相关工作人员对各个模块中的信息进行高效匹配和检查，同时这些工作人员也无法有效提取税务管理工作所需的数据信息，因此企业需要根据自身的业务情况来优化税务管理。

具体来说，即便部分税务活动无须开具发票，企业也需要对各项可能会对业务造成不利影响的税务相关内容进行优化调整，避免阻碍业务发展，由此可见，业务是企业开展税务管控工作时的重要参考。

③ 有助于企业实现数据共享化管理

由于部分大型企业旗下的各个子公司分别采用不同的管理模式，税务管理流程之间也存在差别，各个子公司之间无法及时共享风险事项等数据信息，企业难以高效管理各项数据，无法及时掌握各个子公司的税务申报情况和纳税情况，也无法有效防范税务风险。在数据管理方面，智能化税务管理系统具有收票、分级管控、集中报税、税号统一管理和信息资源共享等功能，能够有效提高企业的税务管理水平，助力企业实现精细化的税务管理。

④ 有助于环境保护

企业智能化税务管理系统能够帮助企业减少纸张的使用量,助力企业实现无纸化办公,进而提高企业发展的绿色化和环保化程度,达到保护环境的目的。

(2) 企业智能化税务管理系统的经验

智能化税务管理系统中包含了针对不同税种的申报、风控和分析等功能,能够实现全税种管理,为企业提供各种不同类型的税务服务,充分满足大企业在财税管理方面的需求。但作为新兴的全税种管理平台,智能化税务管理系统在各行各业中的认可度和接受度还比较低。就目前来看,部分企业已经开始利用各类智能化技术来创新税务管理方式,并大力推动税务管理思想的革新,同时充分发挥各类智能化技术的作用,持续深化数据改革,不断提升自身在数据采集和数据分析等方面的能力,并借助全新的税务管理方式来强化税务风险管理能力,以便让税务管控工作能够顺应时代发展。

对企业来说,在进行税务管理时应该在充分考虑自身业务情况和发展现状的基础上加强与税务部门的合作,以便从不同的角度对各项税务管理工作进行优化调整。同时,企业也可以借助智能化税务管理系统来实现高效的信息共享和数据分析,充分确保数据的流通性和可获取性,提高税务信息管理的科学性、合理性和有效性。

参考文献

[1] 郎艺，张帆，尹俊等.中庸思维与员工数字化变革支持行为:学习目标导向和团队环境的作用[J].中国人力资源开发，2024,41(02):45-60.

[2] 何蓉.数字化转型背景下企业组织结构变革分析[J].产业创新研究，2024,(02):145-147.

[3] 刘效恺.数字化背景下财务组织转型变革的实践与研究[J].中国总会计师，2024,(01):52-55.

[4] 余东华，马路萌.数字化转型、平台化变革与企业创新绩效——基于"技术—组织—创新"范式的分析[J].改革，2024,(02):55-74.

[5] 周赟，黄远春.数字化引发企业组织变革的思考[J].产业创新研究，2023,(24):150-152.

[6] 边万莉.数字化转型一场由技术驱动的经营管理和组织文化变革[N].21世纪经济报道，2023-12-18(007).

[7] 范斗南.数字经济转型条件下企业管理的发展与变革研究[J].中国商论，2023,(22):57-61.

[8] 李晓燕，钱婧，孙瑞彬.数字化转型中的组织惰性——高管认知的作用[J].管理科学学报，2023,26(11):81-101.

[9] 李立威，黄艺涵.数字化与组织变革组态如何破解中小企业数字化转型悖论[J].科技进步与对策，2023,40(24):101-110.

[10] 陈瑜，陈衍泰，谢富纪.传统制造企业数据驱动动态能力的构建机制研究——基于娃哈哈集团数字化实践的案例分析[J].管理评论，2023,35(10):340-352.

[11] 刘海舟.大型央企集团数字化状态模型及转型框架体系研究[D].北京:北京邮电大学，2023.

[12] 丁华.企业数字化转型对创新绩效的影响：动态能力的中介作用[C]//中国管理科学研究院商学院，中国技术市场协会，中国高科技产业化研究会，中国国际科学技术合作协会，发现杂志社.第二十二届中国科学家论坛会议论文集.中控盈润集团有限公司，2023:41.

[13] 李立威，成帆，黄艺涵."数字化悖论"的内涵、产生机制与跨越路径：文献综述[J].科技管理研究，2023,43(12):128-136.

[14] 范文琪.中小零售企业数字化转型能力评价研究[D].桂林:桂林电子科技大学，2023.

[15] 夏青.数字化战略更新、动态能力对企业绩效的影响研究[D].兰州：兰州理工大学，2023.

[16] 唐圆.员工数字化变革矛盾态度对其变革投入的影响研究[D].厦门：华侨大学，2023.

[17] 赵子旺.曾子豪：组织变革让企业在数字化时代脱颖而出[N].新能源汽车报，2023-05-22(009).

[18] 孙一鸣.数字化转型背景下DGM公司组织结构变革研究[D].广州：广东财经大学，2023.

[19] 梁磊.组织变革视角下J卷烟厂数字化转型案例研究[D].南昌：江西财经大学，2023.

[20] 李君.数字化转型对价值链重构的作用路径及经济效应分析[D].郑州：河南财经政法大学，2023.

[21] 颜剩勇，陈琪.数字化转型与财务绩效研究——以上市公司福耀玻璃为例[J].山东工商学院学报，2023,37(02):55-63.

[22] 冯喻冰.数字化转型背景下的变革管理支持与员工变革行为反应[D].南京：南京财经大学，2023.

[23] 张庆君，杜珂，何德旭.银行数字化、组织变革与知识转移[J].福建论坛(人文社会科学版)，2023,(04):83-98.

[24] 戴春晓.企业数字化转型过程中的创新与探索[J].中小企业管理与科技，2023,(06):134-136.

[25] 赵磊，赵纳晖，杜雨晴.超常增长与数字化转型——来自制造业上市公司的经验证据[J].山西财经大学学报，2023,45(03):82-97.

[26] 王象路，罗瑾琏，李树文等.组织数字化变革的悖论关系与协同机制研究[J].中国人力资源开发，2023,40(02):112-125.

[27] 刘婕，刘新.商业模式数字化转型与新零售企业绩效——基于组织变革和技术嵌入视角[J].商业经济研究，2023,(02):153-156.

[28] 唐韬，李方静，夏伦.企业数字化对劳动生产率的影响——来自中国私营企业的经验证据[J].中国地质大学学报(社会科学版)，2022,22(06):112-124.

[29] 李铁斌，曾维亮.共生视角下的企业数字化转型与组织变革研究[J].科技创业月刊，2022,35(10):58-61.

[30] 刘柏建，刘孔玲.数字化转型下的企业组织变革：逻辑、维度与路径[J].北京经济管理职业学院学报，2022,37(03):63-70.

[31] 叶丹.传统制造企业信息技术能力、数字化转型战略和数字创新绩效

的关系研究[D].长春：吉林大学，2022.

[32]郑恺.家电制造企业数字化转型的绩效影响研究[D].苏州：苏州大学，2022.

[33]李秋语.企业财务数字化转型的动因、路径与后果[D].北京：北京外国语大学，2022.

[34]邢悦.企业数字化转型中的组织变革和管理创新——以国际石油公司数字化实践为例[J].中国石油企业，2022,(05):54-58+127.

[35]陈爱蒙.企业数字化转型对创新绩效的影响研究[D].太原：山西财经大学，2022.

[36]谢小云，何家慧，左玉涵等.组织在线化：数据驱动的组织管理新机遇与新挑战[J].清华管理评论，2022,(05):71-80.

[37]曾如.数字化转型下L外贸公司组织变革阻力研究[D].广州：广东财经大学，2022.

[38]崔雅蕾.零售企业数字化能力对企业绩效的影响研究[D].保定：河北大学，2022.

[39]徐彬.高端制造业CL公司数字化升级研究[D].武汉：华中科技大学，2022.

[40]王涛.制造业出口企业数字化转型对企业绩效的影响[D].广州：华南理工大学，2022.

[41]汪伟，郑颖，阮超.组织变革视角下的商业银行数字化转型研究[J].清华金融评论，2022,(04):67-70.

[42]安家骥，狄鹤，刘国亮.组织变革视角下制造业企业数字化转型的典型模式及路径[J].经济纵横，2022,(02):54-59.

[43]毛基业.数字化转型三分技术、七分组织[J].企业管理，2022,(01):11-12.

[44]刘宇，席静波.数字化转型趋势下的管理变革[J].现代商贸工业，2022,43(01):94-96.DOI:10.19311/j.cnki.1672-3198.2022.01.030.

[45]贾昌荣.数字化体验，赋能组织绩效[J].人力资源，2022,(01):58-62.

[46]许依帆.人力资源管理，如何顺应数字化变革[J].人力资源，2021,(24):38-39.

[47]张箫箫.变革组织和技术架构推动数字化转型[N].中国银行保险报，2021-11-24(005).

[48]董晓松，许仁仁，赵星.制造业数字化转型中组织惯性与路径权变——仁和药业案例研究[J].科学决策，2021,(11):32-48.

[49]陈春花.深度数字化时代的组织变革[N].中华工商时报,2021-10-15(003).

[50]刘海建,李纪琛.基于组织重塑的中小企业数字化转型之路探究[J].扬州大学学报(人文社会科学版),2021,25(05):59-75+91.

[51]王飞.基于传统轴承企业组织变革向数字化转型的案例分析[J].数字经济,2021,(08):66-69.

[52]陈若贤.组织变革视角下的商业银行数字化转型[J].现代商业银行,2021,(11):43-46.

[53]范科峰.数字化时代的组织变革与重塑[J].中外企业文化,2020,(11):1-2.

[54]刘政,姚雨秀,张国胜等.企业数字化、专用知识与组织授权[J].中国工业经济,2020,(09):156-174.

[55]陈婧.中国传统企业数字化转型中的组织惯例重塑[M].南京:南京大学出版社:202008.137.

[56]张成刚.数字化转型中的组织形态变革:理论与现状[J].上海商学院学报,2020,21(02):72-83.

[57]HallB.数字化时代,组织变革的新方向[J].人力资源,2020,(01):54-56.

[58]朱伟.企业数字化转型的三个关键[J].山东国资,2019,(06):95-96.

[59]缪鑫鑫.变革转型背景下数字化准备度特征及其效应研究[D].杭州:浙江大学,2019.

[60]林琳,吕文栋.数字化转型对制造业企业管理变革的影响——基于酷特智能与海尔的案例研究[J].科学决策,2019,(01):85-98.

[61]苗力.数字化领导力对组织创造力影响的研究综述[J].企业改革与管理,2018,(17):7-9.

[62]李君,邱君降,成雨.数字经济时代的企业创新变革趋势[J].中国信息化,2018,(04):12-14.

[63]孙龙飞.以数字化建造模式推动超高层施工组织变革的探索与实践[J].施工技术,2017,46(S1):649-651.

[64]董艳玲.数字化管理引发企业管理变革——以长庆油田为例[J].中外企业家,2011,(20):27-28.

[65]肖俊宜,叶龙,杨绪红.数字化管理下的企业信息传递模型与组织结构[J].科技与管理,2004,(05):107-109.